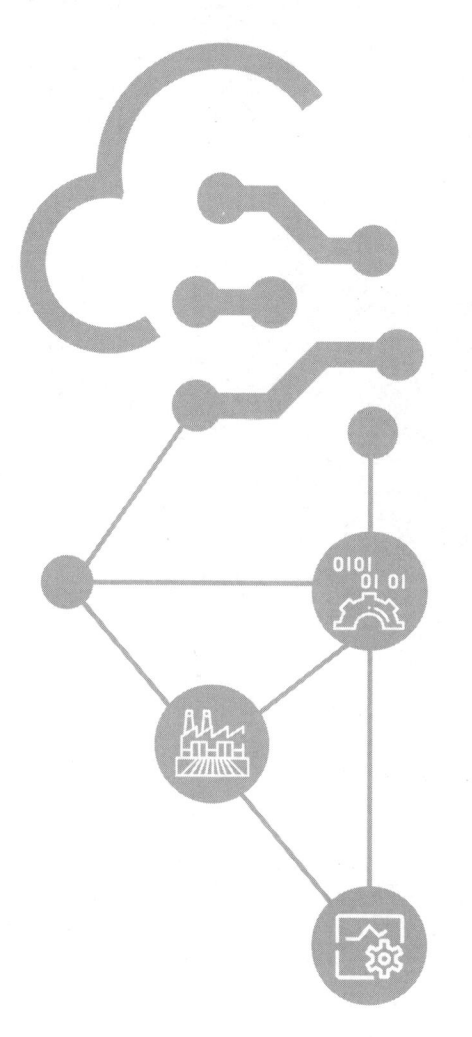

工业物联网

邵泽华 著

INDUSTRIAL INTERNET OF THINGS

中国人民大学出版社
·北京·

前言

随着人类社会的发展，人们对未来怀有美好的憧憬，由此，关于美好生活的缤纷图景也应接不暇地呈现于我们眼前。物质生产的极大丰富使得人们对于美好生活的需要不再局限于衣食住行的简单满足，而是去追寻差异化的幸福体验。这些体验可能是更加轻松愉悦的生活状态，也可能是对未知世界的进一步探索。当然，无论是何种体验，都离不开现实基础的支撑。

对大多数人而言，实现美好生活最为直接和有效的路径就来自日新月异的高质量产品与服务，人们在使用产品和享受服务的过程中真切地体验到生活的美好。至于产品和服务的数量和质量，很大程度上取决于工业发展的水平。工业是国民经济的支柱，支撑起整个社会生产体系。工业生产是产品和服务得以实现的核心环节，产品和服务通过工业生产从理想转化为现实，进而作用于人们的生活。因此，为了更好地回应人们对美好生活的向往和追求，工业发展需要跟上时代的步伐。

近年来我国工业发展取得了许多令人惊叹的成就，如智能制造、工业机器人、逻辑编程、设备驱动、传感器应用等技术的迭代创新，以及物联网与工业领域的结合等。但我国目前的工业经济主体——传统产业还存在一些发展瓶颈，如加工精度、资源利用率、技术水平均不高，产品聚集于中低端、差异化小、创新性不足，管理模式陈旧、难以应对工业系统的复杂性，工业生态薄弱等。

人们丰富多样的需求与我国社会经济发展的内生需求都对工业提出了更高的要求，工业物联网应运而生。本书秉承时代赋予工业企业的新使命，为工业发展贡献创新思维，提出结构清晰、体系完整的工业物联网基础理论。工业物联网的设计、组建、运行和迭代，始终要面向用户的主导性需求，并依靠对象平台来执行用户指令、为用户提供服务，将管理智慧与智能制造设备、技术深度融合，使用户平台、服务平台、管理平台、传感网络平台和感知控制平台（对象平台）五个平台协同发挥作用，覆盖从边缘到云、从微观到宏观等各类应用场景，从而实现工业体系的稳健高效运行。

工业物联网是中国工业发展的必要选择，是实现高质量发展的重要引擎。其价值并不局限于技术，更在于聚广智、惠广域：将工业领域中各类事物都归属于各自相应的单体物联网、复合物联网或混合物联网，众多物联网朝着同一目标有序运行，连接起工厂、企业、园区、地区乃至更广阔的天地，并依靠云端实现在更深程度、更广体系上的互联互通，形成智能制造、智慧工厂、云制造各司其职并有机统一的工业生态。其运行规律正如《江城子·工业物联网》所示：

    物联网里事繁忙，物如骥，网如缰。

      任意纵横，远近有朝纲。

    百网十环凭智慧，心所向，自成行。

    云来云往广开张，费思量，又何妨？

      工业园区，云上做文章。

    天若有缘联万企，千千结，送良方。

目录

第一章	概　述	1

第二章	智能制造工业物联网	5
第一节	单体物联网	7
第二节	复合物联网	13
第三节	混合物联网	47
第四节	云平台参与的智能制造工业物联网	53

第三章	智慧工厂工业物联网	77
第一节	智慧工厂行政业务物联网	80
第二节	智慧工厂职能物联网	93
第三节	智慧工厂授权业务物联网	105
第四节	智慧工厂关联业务物联网	110
第五节	智慧工厂自组物联网	113

第四章	云制造工业物联网	119
第一节	智慧工业园工业物联网	119
第二节	智慧工业区工业物联网	145
第三节	广域云制造工业物联网	151

第一章
概　述

一、建设工业物联网的重要性

建设工业物联网，顺应经济发展规律，有利于打造新的经济增长点。工业是实体经济的主体和国民经济的支柱，但工业发展到一定程度便需要注入更多专业知识和信息，依靠更多数据来支撑工业决策的可行性，否则难以持续健康发展。党的二十大报告提出，坚持把发展经济的着力点放在实体经济上，推进新型工业化，加快建设制造强国、质量强国、航天强国、交通强国、网络强国、数字中国。现阶段，我国政府大力倡导和鼓励物联网与实体经济的深度融合，进而更好地推动产业集成创新和规模化发展。由此，工业物联网也迎来了发展的黄金机遇。

建设工业物联网，顺应民情民意，满足人们对美好生活的向往。工业的智能化发展承载着人们对产业发展、社会经济繁荣的殷切期盼，是打破人们对美好生活需要和不平衡不充分的发展之间矛盾的利剑。工业的智能化发展，一方面，能够使各工业企业的生产更高效、成本更可控、产品质量更优、市场竞争力更强；另一方面，也能够更好地实现2021年8月中央财经委员会第十次会议所强调的"在高质量发展中促进共同富裕"的目标，促进人们工作待遇、生活质量稳步提升。

面对当下实体经济转型和发展质量提升的时代任务，建设工业物联网为我们提供了一条解决问题的重要路径。那么，到底什么是工业物联网？工业物联网的发展现状如何呢？

二、工业物联网的发展

工业物联网是应用在工业领域的物联网，其核心任务是智能制造（intelligent manufacturing，IM）。工业物联网将新型工业化、信息化、数字化相融合，旨在全面强化工业企业制造和管理能力，提升产业现代化水平。

工业物联网在近十余年里得到了飞速发展，为市场带来了新的发展机遇，成为越来越多工业企业的发展必由之路。工业物联网（industrial internet of things，IIoT）这一概念最早于2012年由美国通用电气公司（GE）提出，也称为工业互联网（industrial internet）。工业物联网和工业互联网均指向工业过程的联网，一般而言，国内更倾向于工业物联网，重点指向技术层面，涵盖在工业互联网的范畴内。但实际上，国际学界大多将二者等同而论，对此，本书亦用工业物联网统一指称。

我国政府大力支持工业物联网的发展，出台了多项政策予以指导和鼓励。2017年11月国务院发布《关于深化"互联网＋先进制造业"发展工业互联网的指导意见》，为我国工业互联网的发展做出顶层设计。2018年，工信部开展工业互联网发展"323"行动[①]；国家制造强国建设领导小组下设立工业互联网专项工作组，统筹协调我国工业互联网发展工作；工信部印发《工业互联网发展行动计划（2018—2020年）》，提出"到2020年底，初步建成工业互联网基础设施和产业体系"的行动目标；工信部还印发了《工业互联网平台建设及推广指南》和《工业互联网平台评价方法》，提出"到2020年，培育10家左右的跨行业跨领域工业互联网平台和一批面向特定行业、特定区域的企业级工业互联网平台，工业App大规模开发应用体系基本形成，重点工业设备上云取得重大突破，遴选一批工业互联网试点示范（平台方向）项目，建成平台试验测试和公共服务体系，工业互联网平台生态初步形成"。2020年12月，工业互联网专项工作组印发《工业互联网创新发展行动计划（2021—2023年）》，指出"2021—2023年是我国工业互联网的快速成长期"，并提出"到2023年，工业互联网新型基础设施建设量

[①] "323"行动，即打造网络、平台、安全"三大体系"，推进大型企业集成创新和中小企业应用普及"两类应用"，构筑产业、生态、国际化"三大支撑"。

质并进，新模式、新业态大范围推广，产业综合实力显著提升"的发展目标。2021年，国家"十四五"规划要求积极稳妥发展工业互联网，打造工业互联网平台，构建多层次工业互联网平台体系，培育数据驱动的制造业数字化转型新模式新业态。

我国的工业物联网建设已取得一定成效，如2021年已遴选出80家企业上云典型案例，现行的工业物（互）联网国家标准已有《工业互联网　总体网络架构》（GB/T 42021—2022）、《工业互联网平台　企业应用水平与绩效评价》（GB/T 41870—2022）、《工业物联网　数据采集结构化描述规范》（GB/T 38619—2020）等8项，另有多项相关领域国家标准正在起草、征求意见、审查或批准，为工业物联网平台的发展提供规范指导和支撑。

三、工业物联网体系搭建

工业物联网体系遵循物联网的结构和运行规律，是物联网理论与工业深度融合的产物。

工业物联网的组建从用户平台发出主导性需求开始，直至找到对象平台来执行其指令并为其提供服务。组成工业物联网的五个平台分别为用户平台、服务平台、管理平台、传感网络平台和对象平台（在工业制造领域又称为"感知控制平台"）。每个平台均包括人和系统/设备等物理实体及其中运行的信息，并表现出各自的功能。其中，用户平台发出主导性需求，基于这些需求主导物联网的组建，并通过制定规则、授权给管理平台等方式掌控整个物联网的运行。服务平台、管理平台、传感网络平台和对象平台则凭借对于物联网的服务通信功能、统一管理功能、传感通信功能、感知信息源和执行控制信息的功能参与到物联网中。

五个平台组建成一个完整的物联网后，基于业务、需求等展开运行和工业控制。工业物联网的运行从对象平台获取信息源并生成感知信息开始，向上层传输信息直至连接用户平台，用户平台再将获取的感知信息转化为控制信息层层下达至对象平台，如此便形成信息运行闭环。

在统一于物联网基础结构和运行规律的前提下，工业物联网体系根据参与者的业务属性（如生产执行者、工业生产管理者、云平台运营者等）、涵盖的作用范围、体现出的制造能力等方面，可划分为智能制造工业物联网、智慧工厂工业物联网、云制造工业物联网三个层次。其中，云制造工业物联网又包含三类：智慧工业园工业物联网、智慧工业区工业物联网、广域云制造工业物联网。

智能制造工业物联网是工业企业的生产制造执行网，具有强大的设备整合功能——将感知控制实体（主要是智能设备）、传感通信实体、管理实体、服务通信实体与用户实体集合成一个智能制造的实施体系，完成各种复杂的制造作业任务，并实现技术人员对设备的数据获取、配置、实时监控和有效管理。智慧工厂工业物联网是工业企业在管理工厂智能制造任务的基础上形成的物联网，是集智慧工厂的行政运作、职能管理、业务（包括授权业务和关联业务）管理、灵活机动的自组织管理于一体的经营管理体系，其显著功能为工厂流程整合，将智能制造任务、工业解决方案嵌入企业业务和工厂工作流程中，从而实现智能制造任务、业务流程和企业经营流程的整合。云制造工业物联网则是工业企业被纳入运营者运作的传感云平台、服务云平台、管理云平台的理务[①]范畴中并成为其对象而形成的物联网，这一物联网能够使多家工业企业共享云制造信息资源，形成融设备、智能制造人员、智慧工厂、云平台及其运营者于其中的庞大工业生态系统，共享高质量发展成果，促进工业行业稳健运行。

本书所述的工业物联网体系涉及的要素有人、设备等物理实体，系统中的感知和控制信息，以及承载不同功能的平台，其特征可概括为用户主导、多平台参与、感知和控制闭环、管理和服务并行。

此外，本书不局限于在技术层面探讨工业物联网，而是从其社会功能、哲学意涵、逻辑框架层面更全面地阐释这一体系，以期为工业物联网如何布局与建设提供新思路，为将中国建设成为制造强国贡献力量。哲学层面上，探讨设备与人在智能制造中的主次地位以及主次矛盾的转换：在智能制造中，自动化设备为主，人员为辅；而在工业企业对智能制造进行整体把控的过程中，人员管理则是主要矛盾，设备所进行的制造活动为次要矛盾。社会层面上，区分企业的社会角色：企业在内部生产制造中独立运行，自主决策；企业在云平台的理务下开展工业制造则同时担任不同的角色——企业具有双重身份且双重身份共同运行，企业对内仍是用户，对外则是整个企业作为对象在云平台运营者制定的规则下运行。

---

① "理务"为处理政务之意，此处引申为对业务及对象进行管理和服务。

第二章
智能制造工业物联网

　　智能制造工业物联网是一个在单体物联网的基础上进一步组合而成的复合物联网或混合物联网，按照设备与人在物联网中的主次关系可分为智能制造制造物联网（简称"制造物联网"）和智能制造管理物联网（简称"管理物联网"）[①]。其中，制造物联网是智能制造工业物联网的主网，是智能制造的实施设备网、执行网，对智能设施、设备等具备感知控制功能的物理实体进行控制，其形成逻辑为通过单体物联网构成复合物联网或混合物联网。管理物联网是辅助网，是对开展智能制造业务的人员进行管控的物联网，其形成逻辑与制造物联网相同，其目的在于匹配制造物联网的组织架构和功能。

　　工业生产的一般过程是指工厂人员利用设备和动力将原材料制成产品的过程，在这一过程中制造物联网和管理物联网二者相辅相成。其中，设备和动力是进行制造的基础，智能制造更是高度依赖设备和动力的自动化、智能化与信息化。但即便是高度自动化的设备在进入工厂开展作业的过程中也需要工厂人员的操作，原因如下：其一，设备在人员干预下作用于原材料，制造产品所具备的原材料的种类、数量乃至摆放位置等都由工厂人员决定。其二，设备在人员的有序排列和组合下才能系统性地发挥制造功能，设备由人员来设计和组

[①] 智能制造单体物联网、复合物联网和混合物联网中的制造物联网均简称"制造物联网"，智能制造单体物联网、复合物联网和混合物联网中的管理物联网均简称"管理物联网"。

装，设备的参数设置、布局、使用顺序等都由人员来确认，进而形成一条完整的生产线。其三，设备的各个方面被设定好之后，还需要工厂人员进行试运行，以便清楚地知道它们是否按照预设的方案运转，如机器人按指定的顺序进行拣料或运输、机械臂按照时间设定或一定的频率进行焊接或组装，整个测试过程都需要工厂人员对其进行判断和不断调试。其四，设备需要日常管理和维护，设备在试运行无误后，仍有可能在日常使用中因为人为疏忽或自身故障、器械磨损等因素而无法正常运作，从而影响制造效果，进入异常状态的智能设备无法自行修复和排除故障时便需要工厂人员判定故障原因，按故障原因类别调试机器，使机器恢复正常运行状态。因此，管理物联网的重要作用便是辅助制造物联网维持良好的运行状态，以确保制造的工艺、流程、精度和效率等达到较为理想的水平。

智能制造工业物联网根据各个物理实体之间的关系，其结构可包含单体物联网、复合物联网、混合物联网[1]三种形式。单体物联网常用于进行单线的制造任务和管理，其特征是每个平台均不具备分平台，该物联网所连接的一台设备或一个工人便能够完成一些生产制造任务，例如单机封闭和成组加工单机的生产方式。当单体物联网无法完成复杂的生产制造任务时，工业企业可以尝试组合形成复合物联网。复合物联网的特征是5个功能平台中有1~4个功能平台是由两个或两个以上功能分平台组成的，是用户为了同时控制多台独立设备（这些设备可以是单个的，也可以是组合形式的）、管理多名技术工人而组建的。随着企业规模和生产体量的扩大以及工艺程序的复杂化，复合物联网完成不了的生产制造任务可以由混合物联网来执行。混合物联网的特征是由两个及以上单体物联网或复合物联网组合而成，有物理实体处于这些物联网中至少两个不同平台上。

从单体物联网组合成复合物联网、混合物联网，是智能制造及其管理的复杂程度和功能融合的体现，更多物理实体在这一过程中彼此联系、相互协同，完成更具挑战性的工作。

---

[1] 邵泽华. 物联网——站在世界之外看世界. 北京：中国人民大学出版社，2017：38.

第一节　单体物联网

一、单体物联网中的制造物联网

（一）制造需求与组网

在当今时代的飞速发展下，人们对物质产品的需求变得更加个性化和丰富多样，需要工业企业（制造商）能够更加及时地响应这些需求，因为制造的全流程——包括研发设计、生产制造、售后服务乃至管理，通常都在工业企业内部完成。较为理想的制造状态是运用现代生产技术和理念，实现智能制造，柔性回应人们的需求。基于此背景，工业企业在外部需求的拉动下，结合内部员工的需求，不断组网，尤其是组建制造物联网。

单体物联网中的制造物联网的组建过程如下：

智能制造是企业生产部门基于提高产能和生产效率、优化制造工艺、提升产品质量、强化企业的生产竞争力等目标而做出的选择。也就是说，在生产制造环节，生产部门负责人的这些生产制造需求是整个物联网的核心需求，主导着物联网的组建，因此该部门负责人处于用户平台。

相较于传统生产制造模式，智能制造具有工艺水平和制造精度更高、工人能力更强、制造设备性能更优、管理更高效（如提升效率、品质和交货速度，降低各环节成本）、研发投入更多且转化率更高（如不断创造新的效用来满足用户需求）等特征。要达到这些效果，生产部门中的设备离不开系统性的组织、安排和调配，也需要被"管理"——如对设备本身的质量、成本、磨损程度等信息的变更，对与设备相关的物料归置、项目、生产工序、采购需求等方面的管理，并且需要配合部门和企业的整体经营策略。因此，达至标准化、高效灵活和动态化的管理水平，既是用户平台生产制造需求的必要延伸，也是促成管理平台参与组网的内在驱动力。

在最终落实制造任务时，该物联网需要一个集成并融合感知、分析、推理、决策、执行、自主学习及维护等自组织、自适应功能的智能生产设施[①]，以达到

---

① 党争奇. 智能生产管理实战手册. 北京：化学工业出版社，2020：4.

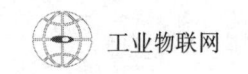

制造要求。基于这种感知和控制需求，对象平台得以形成并参与该物联网。

用户平台与管理平台之间需要一个服务通信通道，以实现生产部门负责人和管理平台之间的信息互通，进而形成服务平台。管理平台与对象平台之间则需要一个传感通信通道，以使管理更加便利，强化其对对象平台的感知和控制能力，传感网络平台便由此形成。

（二）制造物联网的结构与功能

完成组网后，制造物联网便具备了前文提及的五个平台结构，五个平台间紧密联系，共同发挥作用。当然，五个平台上的物理实体可以因工业企业的实际情况而存在一定差异，但各平台的功能不存在本质上的差异。例如，生产部门除了执行生产制造任务，还应具备对生产过程、部门人员等各方面事务进行管控的功能，即生产运营管理功能。因此，制造物联网的用户平台为能够最大限度落实生产运营管理工作的生产部门负责人（此"负责人"是指一个管理班子），包括对所有生产事项负总责的部长，对部分生产事项负责的副部长或车间主任、班长、组长，也包括对特定事项负责的某个部门员工。

居于服务平台的是服务通信通道，为用户平台即生产部门负责人直接提供所需的多项服务，如生产信息查询、生产信息发布、状态监控、产品追踪等。该平台能够便捷地响应生产部门负责人的需求，实现其与智能制造管理平台之间的流畅通信。

居于管理平台的物理实体称为"智能制造管理平台"，由管理者与管理系统组成。具体的管理者和管理系统设置会因企业的组织架构、选用的系统类型这些情况的不同而存在差异，如企业可以设有车间主任、班长、组长、技术人员等管理者，其管理系统可以包括但不限于MES（生产过程执行系统）、ERP（企业资源计划）、PLM（产品生命周期管理）等。该平台是生产部门的综合管理平台，以管理系统为主，能够对设备进行操控和管理，管理内容可包括设备监视、测量、维修、保养等。

居于传感网络平台的是传感通信通道，通常由通信模块、网关、网络、传感数据库等构成，能够安全存储感知控制平台和智能制造管理平台传输过来的信息，并且在初步处理后进行上传下达，成为这两个平台之间的沟通桥梁。

居于对象平台的物理实体称为"感知控制平台"，包括各种智能设备，例如焊接、搬运、码垛等智能工业机器人，机械臂，智能吊挂系统，等等。该平台用于执行各种生产制造指令，完成相应操作。

综上所述，制造物联网的结构如图2-1所示。

```
┌─────────────────┐    ┌─────────────────┐
│    用户平台     │    │ 生产部门负责人  │
└─────────────────┘    └─────────────────┘
         ↕
┌─────────────────┐    ┌─────────────────┐
│    服务平台     │    │   服务通信通道  │
└─────────────────┘    └─────────────────┘
         ↕
┌─────────────────┐    ┌─────────────────┐
│    管理平台     │    │ 智能制造管理平台│
└─────────────────┘    └─────────────────┘
         ↕
┌─────────────────┐    ┌─────────────────┐
│  传感网络平台   │    │   传感通信通道  │
└─────────────────┘    └─────────────────┘
         ↕
┌─────────────────┐    ┌─────────────────┐
│    对象平台     │    │   感知控制平台  │
└─────────────────┘    └─────────────────┘
```

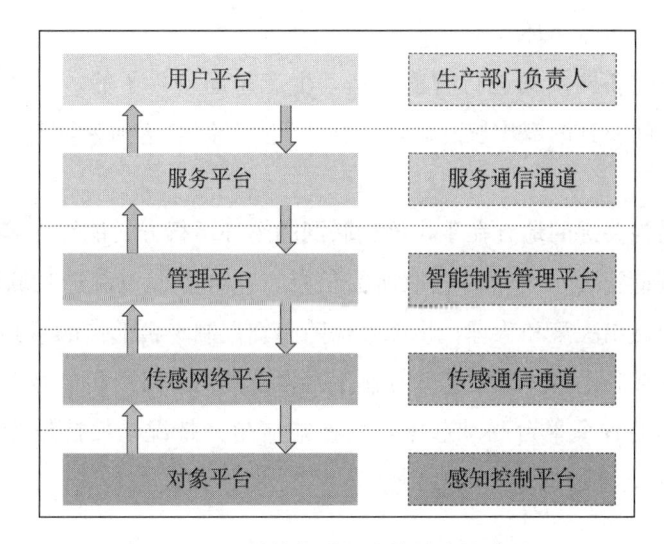

图2-1　单体物联网中的制造物联网

（三）制造物联网的运行与效果

单体物联网中的制造物联网可以便捷地进行单线的制造任务、单机任务等。单机任务通常有成组加工单机和单机封闭两种形式。成组加工单机是利用成组技术进行生产的最简单的组织形式，即在一台机床上实施成组技术，适用于多工序零件的生产；单机封闭则是成组加工单机的特例，是指一组零件的全部工艺流程可以在一台机床上完成，适用于单工序零件的生产。

这里以单机封闭生产为例介绍单体物联网中制造物联网的运行。单机封闭模式制造出的产品往往是工艺较为简单的产品，因此在完成物联网的组建后，感知控制平台按照日常的排产计划便可进行生产。通过传感通信通道将生产情况上传到智能制造管理平台，此后管理平台对质量、产量等生产信息进行判断、分析，并通过服务通信通道将需要告知生产部门负责人的信息上传到用户平台，这就是对象平台到用户平台的一次完整的感知信息运行过程。相反，生产部门负责人收到感知信息后，如果认为单机封闭生产模式需要改进，希望质量、速度或工艺精度等有所提升，就可以发出控制指令，该指令经由服务通信通道、智能制造管理平台、传感通信通道到达感知控制平台，感知控制平台则按照上级各平台的控制

· 9 ·

指令开展单机封闭生产或进行相应的调整,这就是用户平台到对象平台的一次完整的控制信息运行过程。对象平台与用户平台之间的感知信息和控制信息交互,形成完整的信息运行闭环。

采用单体物联网结构进行智能制造,生产布局一目了然,生产流程简洁流畅,各平台之间及其内部均权责清晰,有利于生产制造达到令行禁止、快速运转的状态。

此外,最为关键的地方在于,该物联网的闭环运行方式能够保障生产部门负责人、智能制造管理平台及时获取所需信息,充分掌握该制造物联网的运行状态,以便快速做出决策和管理;也能够保障感知控制平台上传的感知信息有稳定的传输通道和接收平台,以便感知控制平台发出的信息可以得到及时反馈;进而使制造物联网的各个平台联动起来,快速响应生产情况,保持较为良好的运行状态。

二、单体物联网中的管理物联网

(一)管理需求与组网

设备在技术水平达标且运行良好的状态下更有利于进行智能制造。前文也提到,即使智能水平相当高的设备和机器也需要人员对其进行维护及维修,帮助其排除故障,才能实现良好运行。况且许多企业距离实现完全的设备自动化、智能化还有一定路程,这些企业中的设备就更离不开人员的手动操作。这两个原因都决定了在智能制造的过程中需要人员的参与和干预。

在人员参与的情况下,越是复杂的智能制造任务,越需要精细的管理。经过有效管理,人员才能在各自的岗位发挥出更大的效用,进而实现人员配置对提升设备和机器的使用、维护、保养水平的效用。

单体物联网中的管理物联网便是通过生产制造负责人员与各种系统对一线技术人员进行管理的物联网。在该物联网中,所有人员的高效运作和相互配合是主导性需求,由智能制造的最高执行者——生产部门负责人发出。生产部门负责人成为用户平台,肩负掌控该物联网中涉及的人员生产安排、财务、信息安全、职业健康、人力资源发挥等多方面的职责。在人员规模较大的情况下,生产部门负责人很难直接与每一个下属形成密切联系,因此,管理物联网存在加强管理这一需求。在智能制造管理者自身的参与性需求与用户乃至整个物联网的需求相契合时，便形成了管理平台。服务平台与传感网络平台的形成过程与前文所述的制造物联网相同。

为了更好地辅助制造物联网运行，管理物联网离不开对设备进行操作的人员（以下统称为"技术工人"），他们执行管理物联网中用户平台的指令，对制造物联网的感知控制平台——智能设备进行调试、维修、养护、监测。管理物联网的对象平台由此形成，而智能设备成为该网的信息源。至此，管理物联网组建完成。

（二）管理物联网的结构与功能

管理物联网的用户平台、服务平台、管理平台、传感网络平台、对象平台分别为生产部门负责人、服务通信通道、智能制造管理者、传感通信通道和技术工人，其结构如图2-2所示。

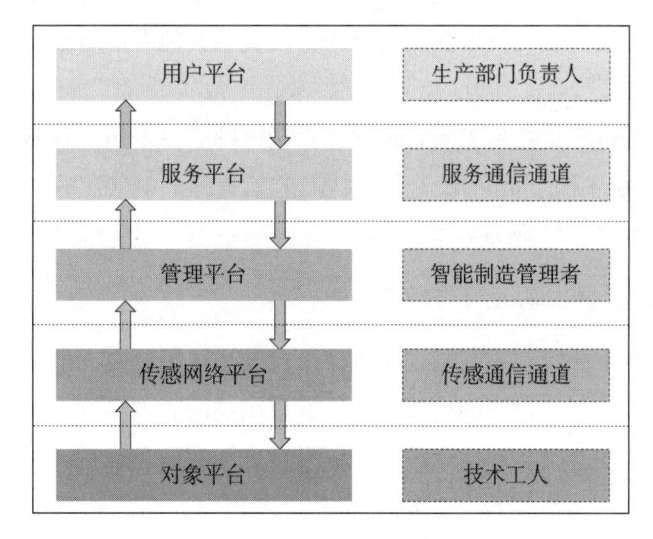

图2-2 单体物联网中的管理物联网

用户平台上的物理实体为生产部门负责人，与制造物联网中的相似。生产部门负责人在一般情形下不同于智能制造管理者，二者存在上下级关系，以便该网中的参与者在不同平台上各司其职。当然，在需要用户平台直接进行管理的时候，用户平台与管理平台的物理实体可以相同。

居于管理平台的是智能制造管理者，其中管理人员是其关键组成部分，他们所使用的管理系统则处于次要地位,因为管理技术人员比管理机器关涉更多的人文因素,管理者所起的作用比系统所起的技术支持作用更重要。管理人员可包括生产部门的中层、基层管理者,如生产部门副部长,车间主任/副主任(如不设车间的,便不存在车间主任一职)、班长、组长等生产线的直接管理者。管理人员借助该平台上的相应管理系统来了解对象平台乃至整个物联网的情况,做出分析和判断,并将信息通过服务通信通道、传感通信通道分别传输至生产部门负责人和技术工人。

服务通信通道和传感通信通道的担任者可以是便于完成通信任务的任何人,人员的选择取决于便利性、安全性、机密性等因素。如智能制造管理者是设备主管工程师,其直接上级是负责设备和动力管理的副部长,在生产部门负责人(部长)召开生产会议后,基于便利性原则,该副部长可以充当服务通信通道,将会议结果告知设备主管工程师以便其去实施;而设备保全员、设备管理员等是设备主管工程师的直接下属,设备主管工程师既可以通过他们去通知基层技术人员对设备进行管理和操作,也可以在自身更为方便或有其他考虑时自行通知基层技术人员。

居于对象平台的是技术工人,经常包括调机师、技术员、设备工程师、维修工程师/技师、设备保全员、IE工程师、工艺工程师、电气工程师等,负责对设备进行调试、维修、保全等工作。

(三)管理物联网的运行与效果

单体物联网中的管理物联网,其对象平台与用户平台之间的感知信息和控制信息的交互过程与制造物联网类似,这里着重阐述两者的不同之处——管理物联网信息运行闭环的基础,即信息源与对象平台之间的信息运行。

该网的信息源是智能设备、机器等进行感知和控制的物理实体。通常情况下,这些物理实体都在技术人员的设定下进行规定的制造动作。但在一些特殊情况下,如机身被烧坏或某些零部件卡住而使得设备无法运作,设备发出警报,管理物联网中的对象平台——技术工人便会收到设备发出的信息并生成感知信息,感知信息经由传感通信通道传输给智能制造管理者;智能制造管理者经过分析、判断、筛选信息,经由服务通信通道将较为重要的信息传递给生产部门负责人;再由生产部门负责人发出决策指令,如对重要设备进行更换或重新安排生产制造任务,在用户平台和对象平台之间形成一个信息运行闭环。技术人员再根据控制指令，对处于该物联网之外的信息源——感知控制物理实体进行相应的操作。

由于该管理物联网是单体物联网结构，所以该物联网的功能通常是进行较为简单的直线式管理，以便及时指挥技术工人进行操作，机动灵活地辅助制造物联网中的对象平台保持平稳运行状态，从而提高企业的制造能力。

第二节 复合物联网

智能制造工业物联网中的复合物联网比单体物联网结构更复杂，功能也更多样，更有利于实现生产制造模式的智能化升级和敏捷管理。其中，制造物联网和管理物联网的用户平台仍为生产部门负责人，是集中式平台；服务平台、管理平台和传感网络平台均可以是多个分平台组合而成的复合平台；对象平台则分别为多个感知控制设备、多名技术工人组成的复合平台。

《国产分布式数据库应用现状调研报告》[①] 显示，仍有 17.23% 的被调查企业采用传统的集中式数据库；而大部分被调查企业正在尝试使用分布式数据库，以便于进行海量数据管理、高并发处理并提高可用性和稳定性，从而更好地管理业务数据复杂、容量巨大的智能制造事务。因此，分布式数据库成为智能制造工业物联网中复合物联网的重要结构，复合物联网的管理平台均采用分平台模式（除中分式管理平台外，其余模式均进行了分布式数据库的设计），以减轻传感网络平台、服务平台或管理平台内部的运作压力。

一、复合物联网中的制造物联网

（一）制造物联网的需求与组网

各工业企业为了增加生产效益，需要适当地扩大生产体量、提高生产能力，规模化生产方式便应运而生。规模化生产制造任务的最终执行实体是工厂内的设备及其附属设施，因此提升设备运转能力、实现多台设备同时执行制造任务成为工厂的强烈需求。

复合物联网中的制造物联网是生产制造用户为了同时控制多台（或多组）独立设备而组建的。企业对于多台（或多组）独立设备，可以进行统一的数据采集与监

---

① 该报告由 dbaplus 社群基于 2022 年 12 月至 2023 年 2 月的匿名问卷调研总结编写。

控，集中调配，如集中式传感网络平台；也可以采用集中下的分散化管控，或者先分散后集中的管控方式，将分散运算与集中运算结合起来。但分门别类、完全单独的管控，即不同的管理系统分别管控不同生产线上的设备，既耗时费力，又容易造成业务管理混乱，所以这一作业模式实际上并不适用（本节不做讨论）。

上述作业模式的功能区分更多体现于管理平台，因此这里以管理平台为例进行详细叙述，与管理平台结构设计相似的服务平台和传感网络平台作业模式仅做简单说明。下面将对该制造物联网中的五个平台一一进行阐释。

（二）制造物联网的结构

1. 用户平台

复合物联网中制造物联网的主导性需求依然是生产制造需求，与单体物联网中的制造物联网不同之处在于对象平台上的物理实体——用于感知和控制的智能设备数量更多，但这并不影响其用户平台的决策地位。在企业的生产制造环节，拥有最多资源和最高权限的依然是生产部门负责人。因此，该物联网中的用户平台是明确的、唯一的，即生产部门负责人。该物联网的用户平台结构如图2-3所示。

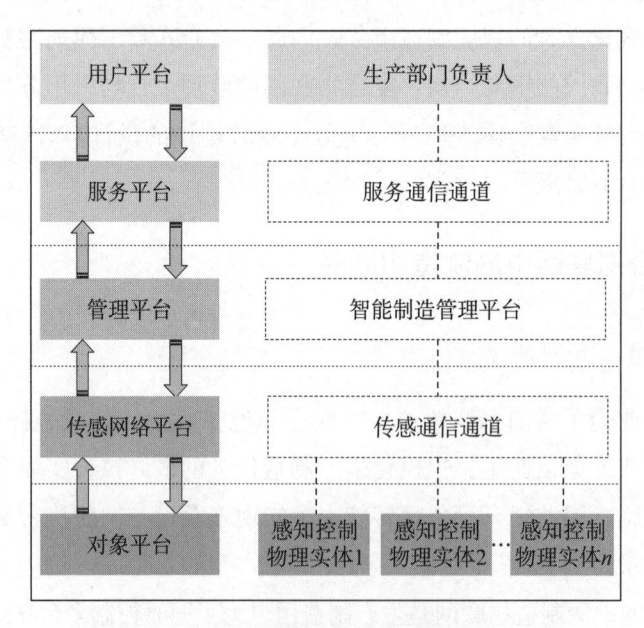

图2-3 复合物联网中制造物联网的用户平台

注：虚线表示暂不描述该平台（不区分平台的可能形式），本章通用。

如图2-3所示，用户平台的作业模式为集中式，用户平台的生产部门负责人拥有该平台所有数据的使用和决策权,并对其进行统一管控,同时承担该平台的全部职能。生产部门负责人在制造任务中采取集中统一领导方式,便于全面了解生产情况,针对重要的制造事项能够迅速反应,并发出指令。用户平台负责的任务和事项较多,然而人的精力和时间有限,所以用户平台通常不会处理短时间内非紧急且不重大的事务,但这些事务有时候可能是影响整个部门生产质量的关键点,一旦被忽略可能会对部门的生产质量造成负面影响。

2. 服务平台

服务平台在生产部门负责人和智能制造管理平台之间充当服务信息传输通道的角色。服务平台所提供的服务通信通道可以迅速响应生产部门负责人的需求,为其查询和发布生产信息、监控并反馈生产状态等,以实现生产部门负责人和管理平台之间的信息互通,助推用户需求的实现。

在保证用户平台进行集中统一领导的前提下,制造物联网中服务平台的作业模式共有独立式前分、集中式前分、组合式前分、中分式、独立式后分、集中式后分和组合式后分七种选择,如图2-4所示。具体说明可参见管理平台的结构,此处不展开介绍。

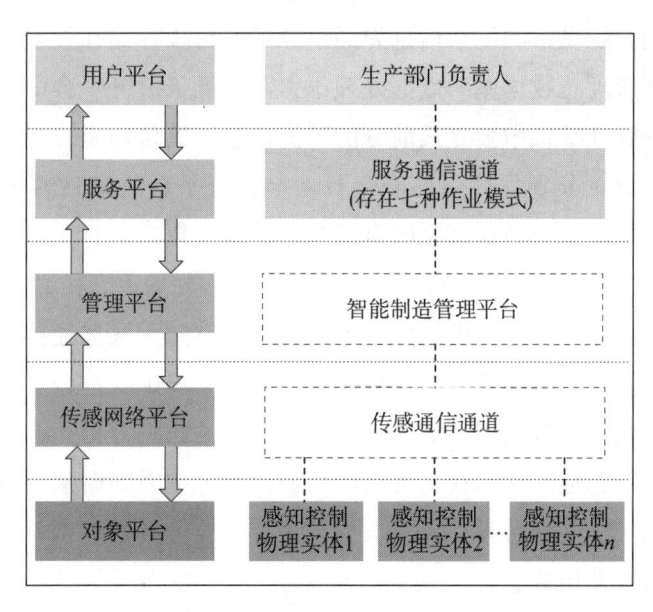

图2-4 复合物联网中制造物联网的服务平台

服务平台的作业模式可根据具体生产制造情况的复杂程度灵活选择。因为服务平台的作业模式会直接影响用户平台与管理平台之间信息传输的时效性和准确性,所以服务通信通道需时时保持畅通,快速接收、响应生产部门负责人的指令和智能制造管理平台的反馈,以保证制造物联网的高效运转。

3. 管理平台

智能制造管理平台对整个制造物联网进行统一管理。制造物联网中管理平台的存在形式按感知数据汇总的先后顺序和分布特征分为前分、中分和后分三种作业模式,其中前分和后分模式又分别存在集中、独立和组合之分,因此在保证用户平台进行集中统一领导的前提下,制造物联网中管理平台的作业模式共有独立式前分、集中式前分、组合式前分、中分式、独立式后分、集中式后分和组合式后分七种。

复合物联网中的智能制造生产情况较为复杂,智能制造管理平台由总平台实体(总平台通常搭配总数据库①)和各分平台组成,分平台包含各个功能模块和分数据库(中分式除外,中分式一般不包含分数据库),功能模块负责对业务数据进行处理,分数据库承担存储数据信息的职能。

前分模式的共同优势在于平台内的信息储存和处理压力进行了分布,来自多台感知控制智能设备的复杂信息先经由分平台初步存储和处理才进入管理总数据库,使其管理总数据库的数据处理压力明显低于后分平台中的管理总数据库。三种前分管理平台中独立式前分的数据信息可以传输至分平台,由各分数据库、各功能模块分别发挥存储和运算功能,分平台处理后再汇总至大数据库,此时功能模块与分数据库之间可以互通信息。数据信息也可以首先传输到分数据库,经过基本分类存储再集中到该平台总数据库,由总数据库进行处理,此时分数据库不受功能模块的干涉和管辖,彼此无法互通信息,分数据库与功能模块均受总平台的管辖,这种作业模式称为集中式前分。组合式前分强调总数据库对数据随取调用的灵活性和分数据库的数据存储功能。数据分类存储于分数据库,总数据库和获得授权的功能模块可按需随时从分数据库中调用数据,当功能模块遇到特殊、机密数据无法直接向分数据库调取时,可向总平台申请授权后再使用数据。

---

① 在本章节管理平台的结构中,仅存在一个数据库,则称为"管理数据库",如后文的中分式管理平台结构;大数据库与分布式数据库同时存在时,则大数据库称为"管理总数据库"(简称"总数据库"),分布式数据库称为"分数据库"。

感知数据信息接入管理数据库后，分类传输至各分平台进行细化处理，接着传输至生产部门负责人，分平台不设置分数据库，这种作业模式称为中分式。

在后分模式中，感知数据统一接入总数据库存储后再传输给分平台存储和运算，这对总数据库的存储和运算能力要求较高。当功能模块不经授权便可以与分数据库互联、任意调用信息时，即为独立式后分作业模式；当功能模块与分数据库各自单独与总平台相连、接受总平台管辖时，即为集中式后分作业模式；在组合式后分作业模式中，功能模块经由总平台的授权后可以与分数据库互联，在授权范围内按需调用分数据库的数据。

此外，每个平台都有自己的内网，以实现对平台内部的自我管控。其中，管理平台的内网最为关键。管理平台的内网在许多时候存在分级的状态，并且当原本的物联网根据管理平台内网的级数进一步优化结构时，该物联网会成为两级或多级混合物联网（本章第三节详细阐述）。例如，一些规模较小的工业企业，其工厂不划分车间，由工厂直接管理每条生产线，便没有分级；一些规模较大的企业，需生产制造工艺复杂和涉及流程较多的产品，其工厂按需划分出生产车间，再由车间管理生产线，那么企业就对生产线的制造任务实行两级管理。划分的层级越多，对生产制造任务的管理就越精细，整个生产组织架构也就越复杂。

以下对智能制造管理平台七种作业模式的物联网结构进行详细描述。

（1）独立式前分作业模式。在图 2-5 所示的独立式前分管理平台中，总平台下设多个分平台，分平台由各功能模块和分数据库构成，功能模块和对应的分数据库两者可互通信息。对象平台的感知信息经传感网络平台传输至管理分平台，功能模块有权限直接调取分数据库的数据进行处理，分数据库则进行数据存储。分平台处理后的信息传输汇总至管理总数据库。用户平台下达的指令由管理总数据库接收后，传输至分平台，功能模块和分数据库根据指令处理、存储信息，最后下达至对象平台，并由其具体执行。

功能模块和分数据库的关联运行、信息互通使分平台可以自行处理数据信息，在增强分平台自主性的同时削弱了管理总平台对分平台的集中管控力度。

（2）集中式前分作业模式。集中式前分管理平台的结构如图 2-6 所示。在感知信息的运行过程中，感知信息到达管理平台后，首先由分数据库初步存储，再传输至管理总数据库，总数据库将相应数据信息分发至分平台功能模块执行，同时也将对用户平台有决策帮助的数据信息进一步传输至服务平台。在控制信息

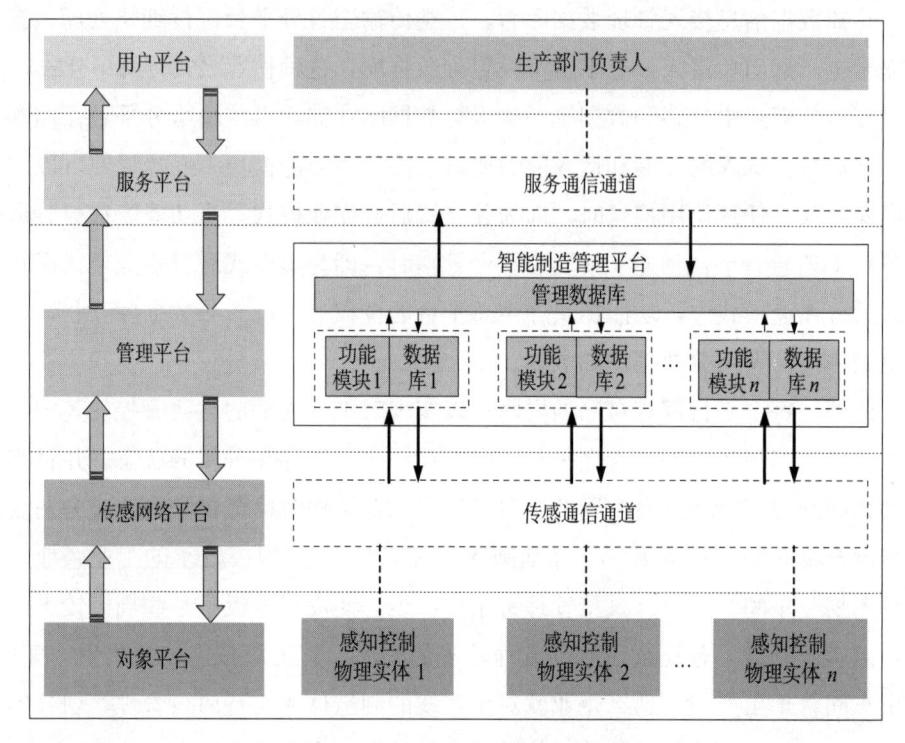

图 2-5 独立式前分管理平台

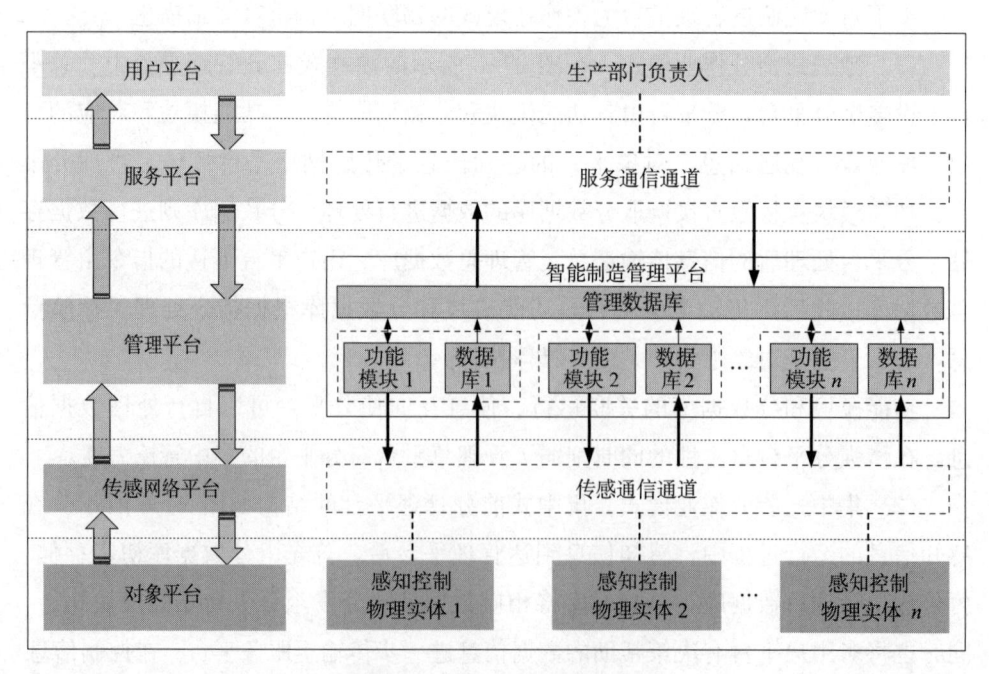

图 2-6 集中式前分管理平台

的运行过程中，居于用户平台的生产部门负责人生成并发出控制信息，该信息经由服务平台传输至管理总数据库进行初步筛选和分配，再传输至各个功能模块进行处理，处理过的信息传入传感网络平台并下达至对象平台，最后由对象平台执行。

集中式前分管理平台中的感知数据信息最终均集中于管理总数据库，保证了这些生产数据信息具有集中、全面的特征，但同时也增加了管理总数据库存储数据信息的压力。此外，该作业模式中的分数据库和功能模块独立部署，互不联通，分别承担存储数据和处理数据的职能，功能模块无法直接调用分数据库的信息，其功能的发挥依赖于总平台。在数据信息较为简单时，集中式前分可以使信息的存储和处理分工明晰、反应迅速；而面对复杂的数据信息时，两者之间的信息壁垒也可能会降低管理平台整体处理数据的效率和质量。

（3）组合式前分作业模式。对于如图2-7所示的组合式前分管理平台，管理总平台下设多个独立的分平台，各分平台由分数据库和功能模块组成，分数据

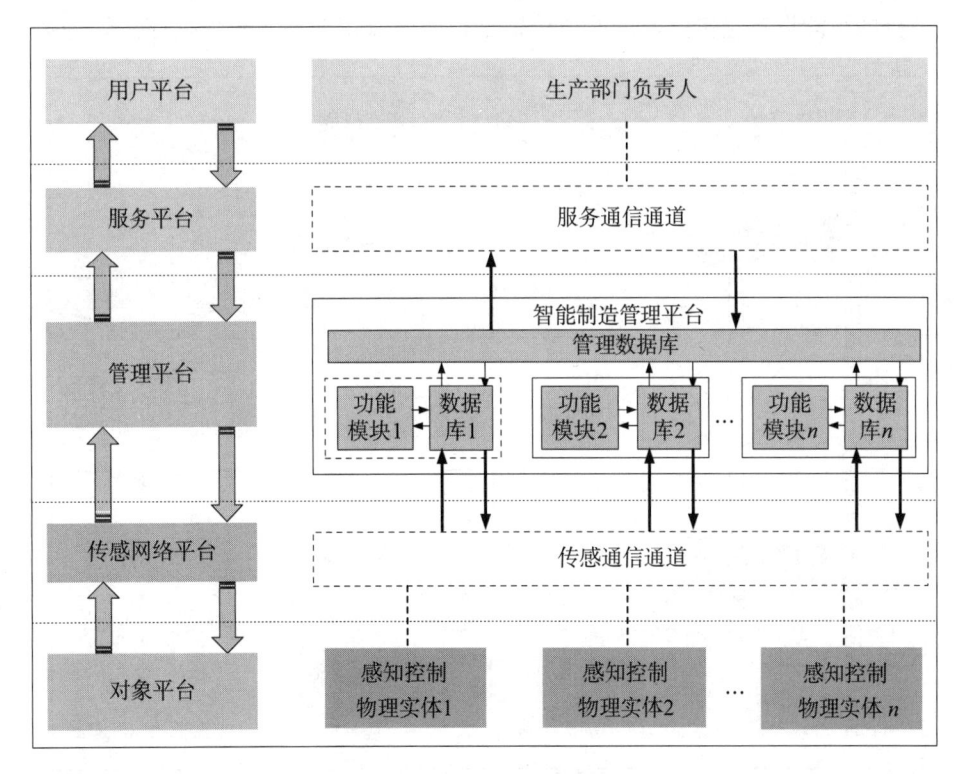

图2-7 组合式前分管理平台

库和功能模块独立设置，但能够在具有总平台授权的情况下互通信息。在感知信息和控制信息的运行过程中，数据到达管理平台中的分平台后，首先由分数据库接收并初步存储。存储于分数据库的信息后续存在三种运行情况：1）功能模块获得授权时可直接调取分数据库信息并进行进一步的分析和处理，再反馈至分数据库存储；2）当功能模块未获得授权处理部分信息时，可向总平台申请增加授权，再向分数据库调用信息；3）分数据库信息在未被调用时可以一直存储，直到总数据库根据需要向分数据库调用信息以供总平台使用或继续传输至服务平台。

在组合式前分管理平台中，分数据库与功能模块能够独立对信息进行存储和处理，在前文所述两种前分作业模式的基础上进一步分担了总数据库的运算压力。同时，管理平台可以更便捷地调取、了解不同生产设备的数据。这些信息集中、丰富且全面，为生产制造决策提供大量数据支撑，使管理平台可以在更短的时间内对企业的生产制造情况进行对比和分析，提升业务管理效率。

（4）中分式作业模式。如图2-8所示的中分式管理平台中，感知信息由对象平台的智能设备经传感通信通道传输至智能制造管理平台的数据库。管理数据

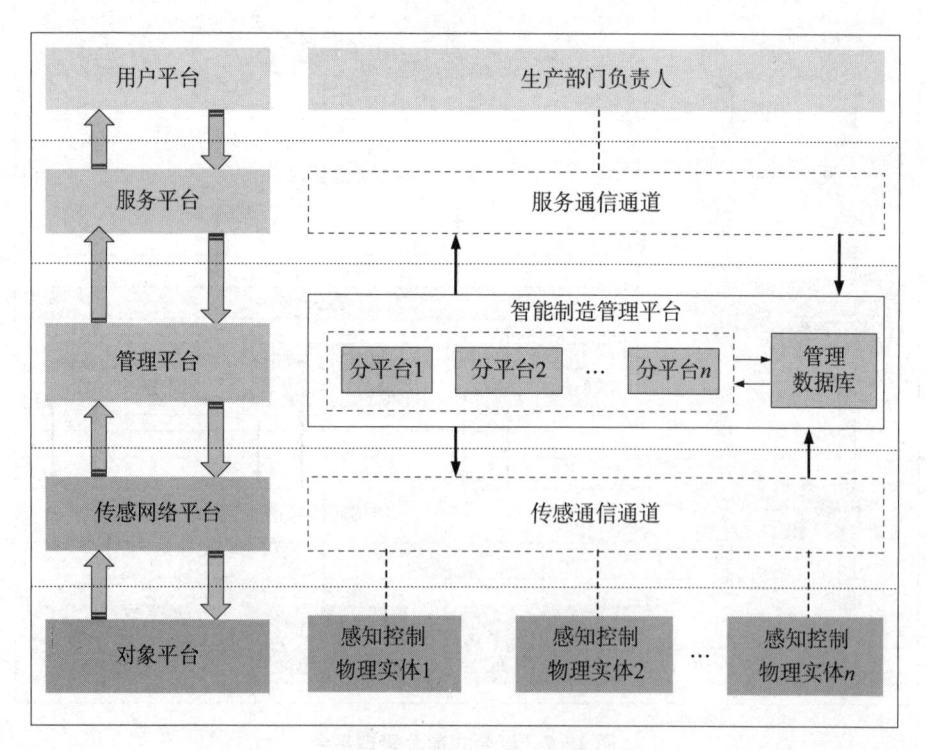

图2-8 中分式管理平台

库对数据信息进行汇总、分析和判断后向各个分平台分发，分平台各自进行相应的数据处理，经过处理的信息继续传输至服务平台。控制信息则从服务平台传输至管理平台，首先由管理分平台接收，各分平台处理指令并统一汇总至管理数据库，由管理数据库存储并继续传输至传感网络平台执行。

在中分式管理平台中，感知信息先到达数据库，控制信息后到达数据库，可以同时对分平台所要处理的信息进行预先统筹、结果监控和审查，能够更好地保证输出的数据信息的质量，并提升数据库信息的安全性。

（5）独立式后分作业模式。后分式管理平台在平台分布顺序上与前分式管理平台相反。如图 2-9 所示的独立式后分管理平台中，分平台中的功能模块和分数据库信息互通，分平台可以自行处理数据信息。感知信息经由传感网络平台传输至管理总数据库并被初步存储，然后分发至各分平台，分平台中的分数据库发挥备份存储的功能，各功能模块则从分数据库调用所需的数据信息并进行分析、处理，接着感知信息继续传输至服务平台。控制信息到达管理平台后，先由分平

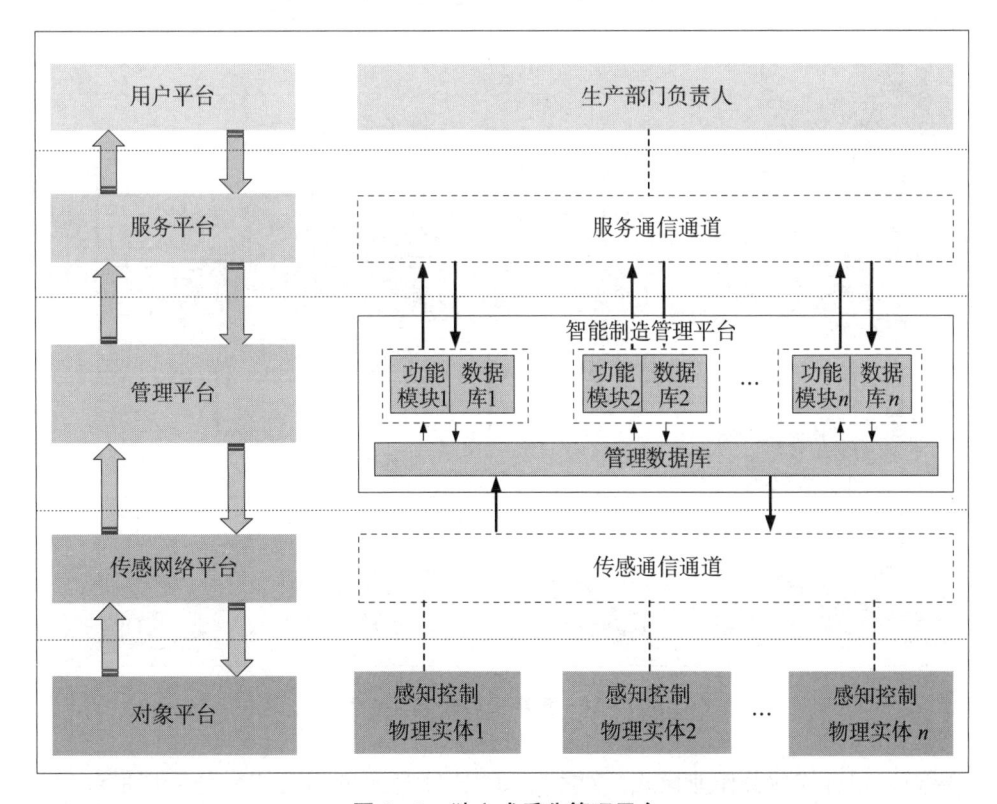

图 2-9　独立式后分管理平台

台备份存储和处理,再传输至管理总数据库存储,最后从管理总数据库传输至传感网络平台。

(6) 集中式后分作业模式。对于如图2-10所示的集中式后分管理平台,其管理总数据库是感知信息接入管理平台的统一访问入口和集散中心。在感知信息的运行过程中,管理总数据库对数据进行初步的集成存储,经过分析、判断后分发给功能模块使用和处置,从而实现对功能模块集中管控的作用,达到集中下的分散控制这一效果。经由分平台功能模块处理后的感知信息传输至服务平台。在控制信息的运行过程中,服务平台将控制信息传输至管理平台,控制信息先由分数据库存储,后集中于管理总数据库。这对管理总数据库的信息存储能力和处理能力提出了较高要求,信息处理能力较差的数据库将很难负担这种业务模式下的运行压力。

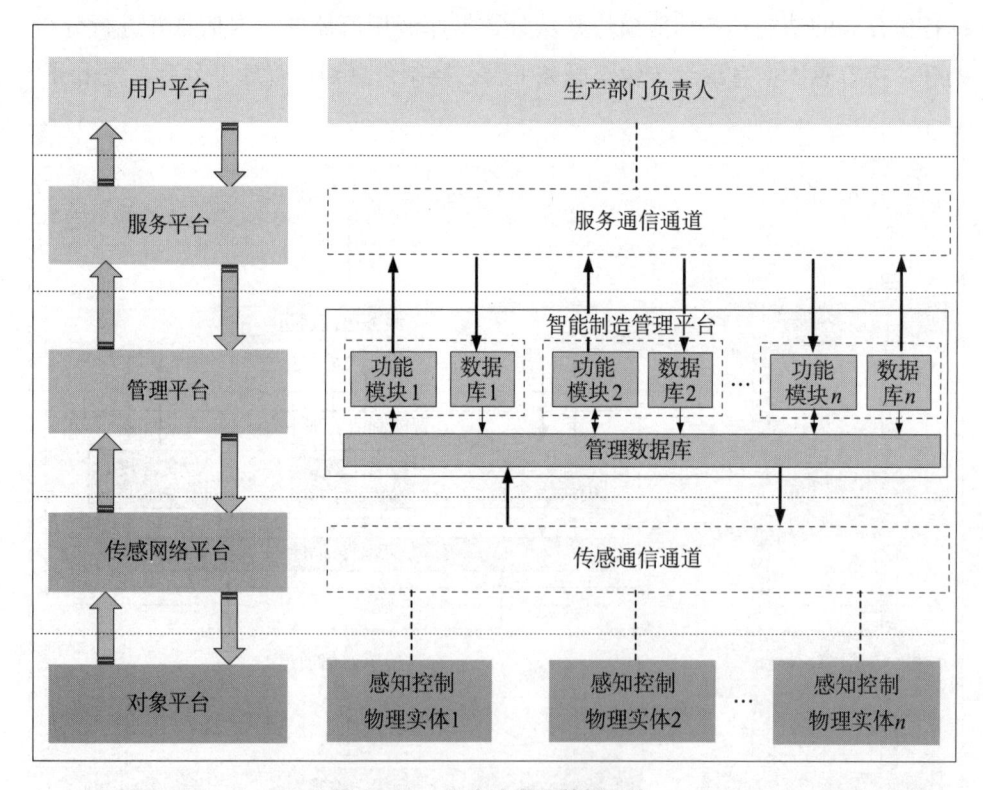

图2-10 集中式后分管理平台

(7) 组合式后分作业模式。对于如图2-11所示的组合式后分管理平台,在感知信息的运行中,由管理总数据库对各类生产感知数据进行存储,并分类发布至各分数据库备份存储，功能模块获得授权时可直接提取分数据库信息并做进一步分析和处理，再反馈至分数据库存储，感知信息最终经由分数据库传输至服务平台；在控制信息的运行中，信息则先从服务平台传输至分平台中的分数据库，供功能模块调用或继续向下传输至管理总数据库，最终传输到传感网络平台。

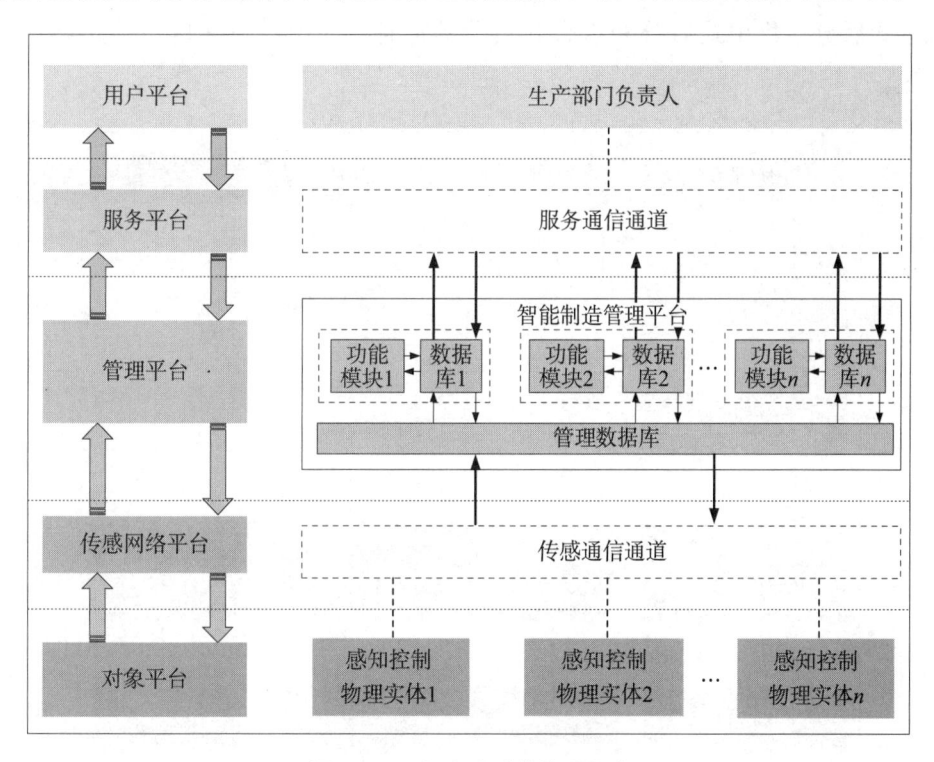

图 2-11 组合式后分管理平台

组合式后分管理平台的优势在于该制造物联网中的数据信息（尤其是服务平台所产生的控制服务信息）可以与管理平台上各分数据库在授权的基础上建立专门的信息通传机制，减少流程冗余，专注于提升产能，使物联网能够实现高速运转和快速响应，达到生产制造中彼此互不干涉、各成体系的效果，从而提高生产效率。该业务模式的不足之处则是管理总数据库的信息存储和运算压力较大，分布式数据库需配备多套管理功能模块、通信分数据库，乃至增加相关的功能模块操作人员和管理人员，容易导致成本增加、部门庞大、设备冗余、设备利用率低等问题。服务平台直接对接若干数据库，会加大用户平台统筹数据信息的工作量。

4. 传感网络平台

传感网络平台由通信模块、网关、网络、传感数据库等构成。传感网络数据库接收来自感知控制平台的感知信息和来自智能制造管理平台的控制信息,为感知控制平台与智能制造管理平台搭建通信通道。

传感网络平台与前述的服务平台和管理平台相似,根据生产信息的复杂程度,其作业模式也可选采用独立式前分、集中式前分、组合式前分、中分式、独立式后分、集中式后分和组合式后分等七种,如图2-12所示。此处不再赘述。

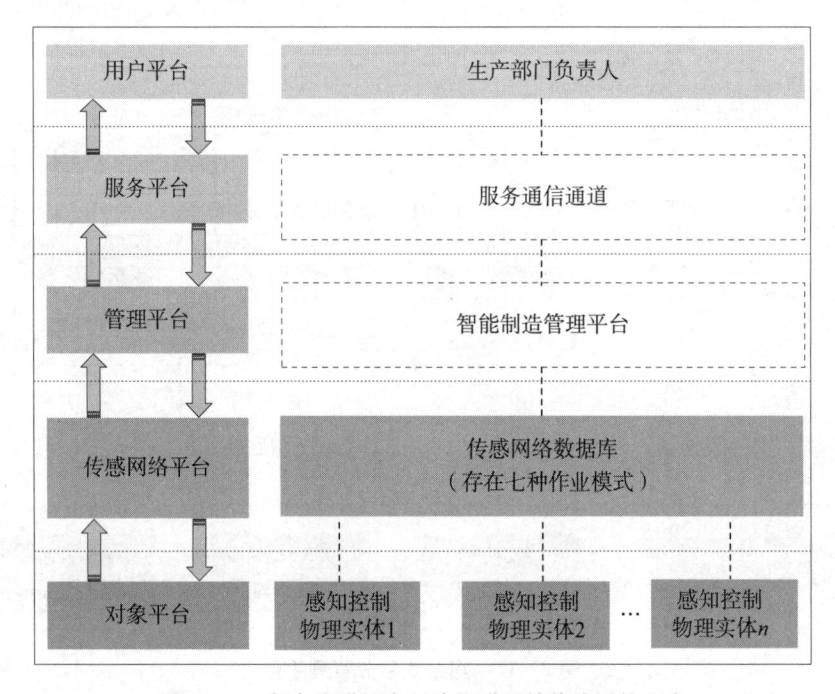

图2-12 复合物联网中制造物联网的传感网络平台

5. 对象平台（感知控制平台）

由于复合物联网中制造物联网的对象平台均作为独立的感知控制分平台而存在,因此该物联网对象平台的作业模式仅有"独立式"一种,如图2-13所示。对象平台的各个感知控制物理实体可以分门别类运作生产制造业务程序,各尽其责,共同参与物联网闭环运行。

一方面,感知信息由对象平台各个独立式分平台发出,生产部门负责人发出的控制信息也最终由各个独立式分平台进一步细化执行,这一独立式作业模式使得各生产线的生产制造体系互不干涉,同时高效协同运作,智能制造管理平台能够针对各生产线进行优化管理,进一步保证各生产线生产制造的效率和质量。但

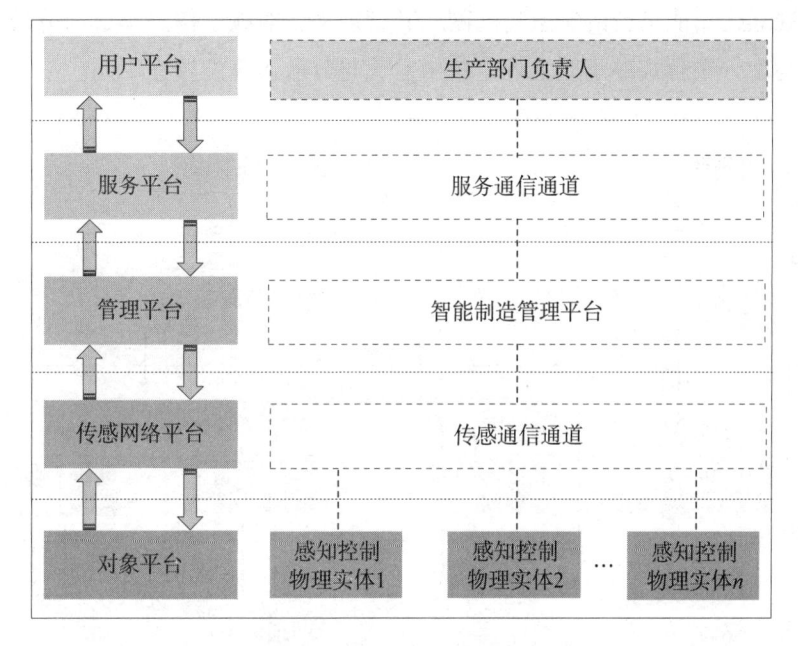

图 2-13 复合物联网中制造物联网的对象平台

另一方面，由于感知信息由多个独立式分平台生成，每个分平台需由一台或多台（形成一组）智能设备组成，建设对象平台的成本增大、技术要求提高，传感网络平台、管理平台乃至整个物联网统计并分析对象平台生成的生产数据、运行状态、维修记录、故障类型等诸多信息的压力增大。为了维持该物联网高效和敏捷的信息运行状态，上层平台通常会对信息做出取舍，更多地处理原则性、关键性和重要程度较高的信息，一些日常运作、程式化、较为简单的信息则无法兼顾，交由对象分平台自行决定、管理，每个分平台便相对拥有了较高的自主决定权，对象平台会出现分散管理乃至管理混乱的状态。

（三）制造物联网的整体运行

复合物联网中的制造物联网，根据用户平台、服务平台、管理平台、传感网络平台、对象平台的作业模式分别为1种、7种、7种、7种和1种，各平台的作业模式进行单一组合，便能形成343种（1×7×7×7×1）组合。以下简化传感网络平台和服务平台的多种作业模式（不做详细讨论），列举5种较为常见的组合形式来说明复合物联网中制造物联网的整体运行情况及其效果。

组合1（见图2-14）是用户平台为集中式、管理平台为独立式前分、对象平台为独立式功能平台的制造物联网，其管理平台兼顾了信息集成与分散管理的优势，与后分平台式的不同之处是集中运算与分散运算的顺序不同。

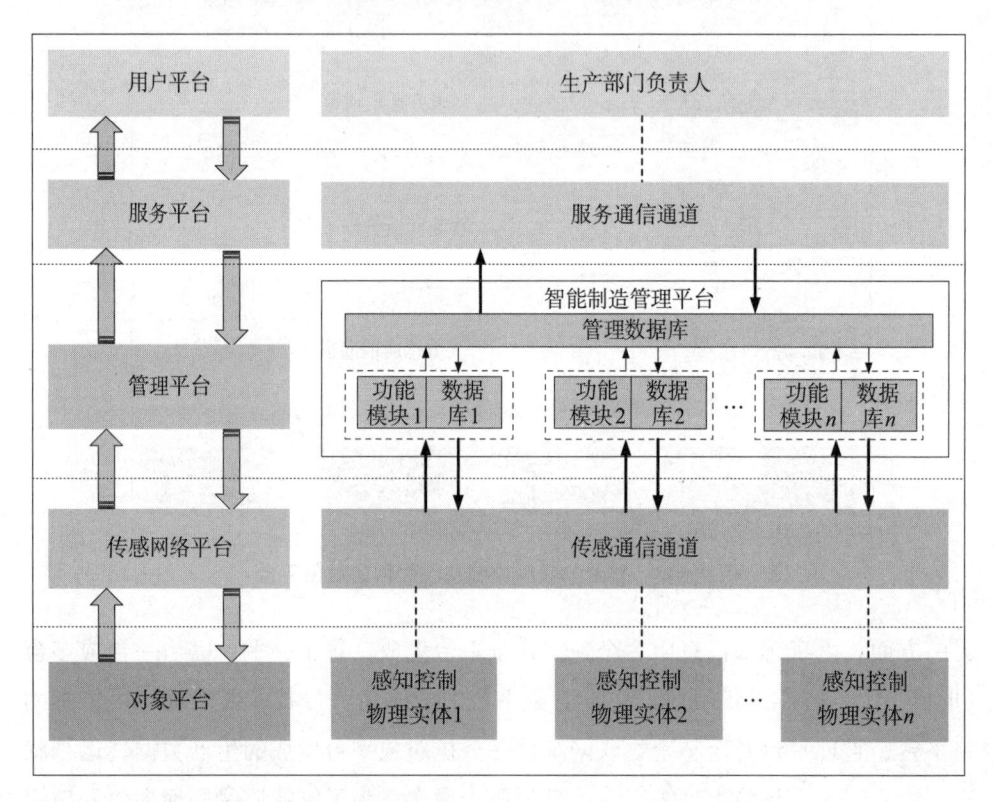

图 2-14　复合物联网中制造物联网的作业模式组合 1

在制造物联网作业模式组合 1 的感知信息运行过程中，感知控制物理实体在接触信息源后产生的感知信息传输到传感网络平台中，由传感网络平台将数据信息传递、汇集到管理平台。管理平台的分平台对数据信息进行处理和存储——其中分数据库对感知信息进行识别、筛选和初步存储，对应的功能模块按需调用信息并进行处理，其后分平台将处理好的信息进一步上传汇总至管理总数据库中，再通过服务平台传递至生产部门负责人。制造物联网作业模式组合 1 的控制信息则由生产部门负责人发布，经服务平台到达管理平台，管理总数据库接收并存储信息，再将筛选、分类的信息分发至各个分平台，接着由各分平台进行存储、分析、处理并传输至传感网络平台。感知控制物理实体通过传感网络平台接收来自对应管理分平台的指令并具体执行，由此形成复合物联网中制造物联网的运行闭环。

组合2（见图2-15）是用户平台为集中式、管理平台为独立式后分、对象平台为独立式功能平台的制造物联网，其管理总数据库实现了信息的集中统一分配，管理分平台则实现了任务目标的分担与协同。

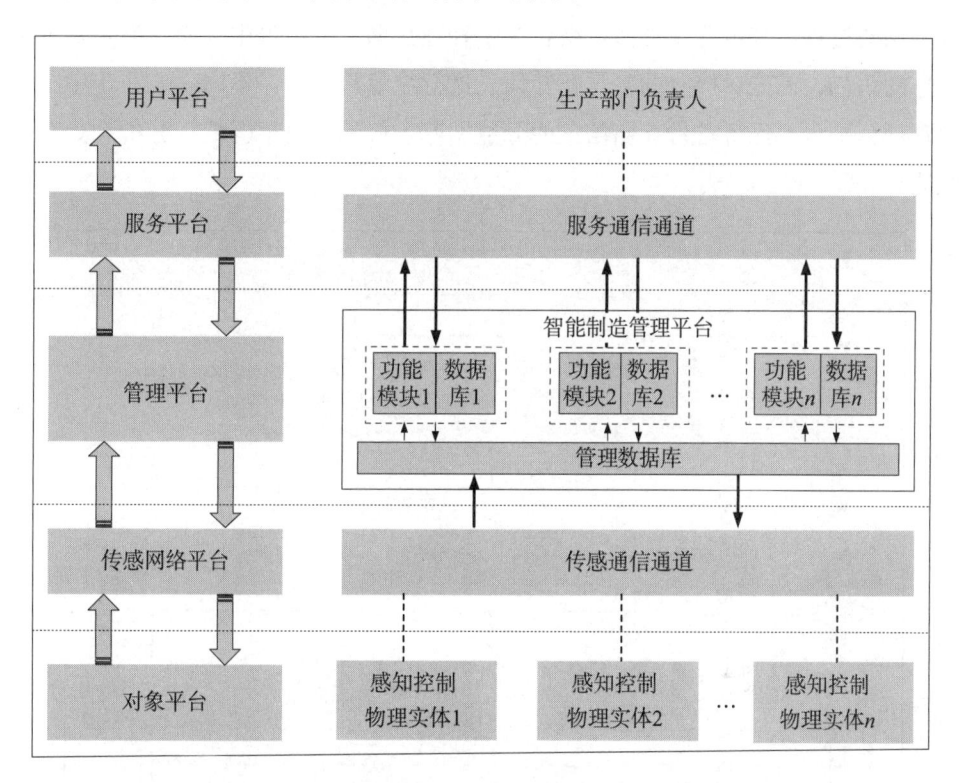

图2-15 复合物联网中制造物联网的作业模式组合2

制造物联网作业模式组合2先集中后分散存储信息的顺序与组合1相反，感知控制物理实体接触信息源后形成的感知信息由传感网络平台传递至管理平台，管理总数据库统一接收感知信息并进行分类，接着传输至管理分平台进行运算和备份存储，再经由服务平台传递至生产部门负责人。生产部门负责人对感知信息进行统筹决策，形成控制指令信息，由服务平台先传递至管理平台中的分平台，经分平台存储和运算后再汇总至管理总数据库统筹、存储、统一发布，最后通过传感网络平台下达至各感知控制物理实体执行。

制造物联网作业模式组合2的管理总数据库承担了较大的分析、计算压力，其运作效率不仅影响分平台功能的发挥，还在很大程度上影响整个物联网的运行状态，进而影响生产制造的效率与质量。因此，组合2的管理总数据库的运行是提升整个物联网制造效能的关键因素,分平台的作用相对较弱。

组合3(见图2-16)是用户平台为集中式、管理平台为中分式、对象平台为独立式功能平台的制造物联网,信息在智能制造管理平台均经历集中存储和分散调用的过程。与组合2类似,组合3中管理数据库承担集中存储、整合及分配信息的角色,需先对接收的各类感知信息进行统筹和分类,不同之处在于中分式的管理分平台不配备备份存储信息的分数据库,仅承担简单的信息分析和处理的职能。

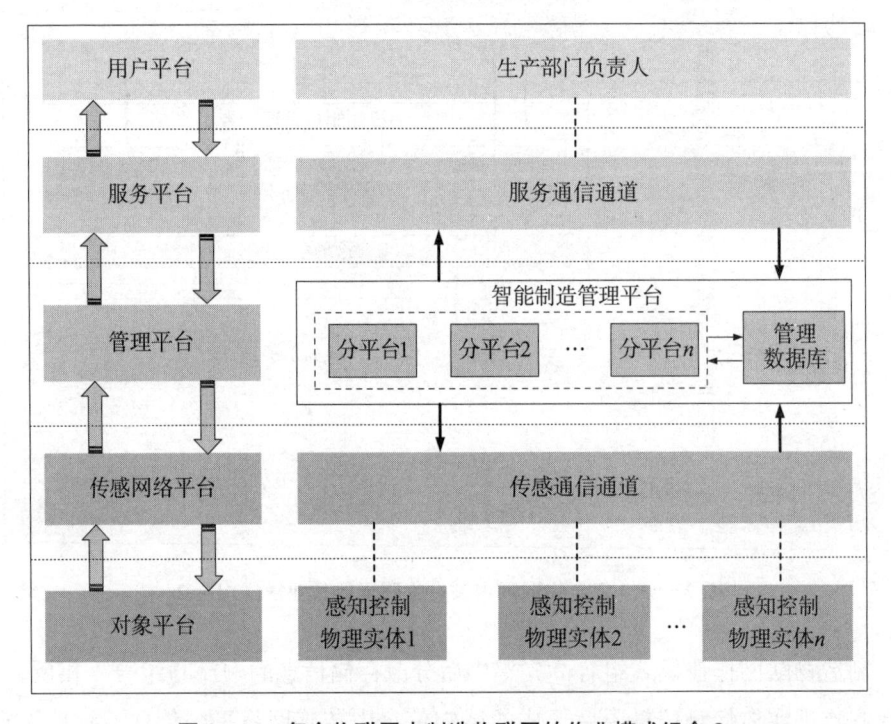

图2-16 复合物联网中制造物联网的作业模式组合3

在制造物联网作业模式组合3的信息运行中,感知控制物理实体发出的感知信息由传感网络平台上传至管理平台;管理数据库接收、识别、存储信息后分类下发给各分平台进行处理,分平台不独立部署对应的分数据库;分平台再将处理好的数据信息传输至服务平台,信息从服务平台继续上传至生产部门负责人。生产部门负责人基于感知信息做出统筹规划后,将生产决策等控制信息通过服务平台传递至管理平台;管理分平台分工协作,对控制信息进行分析和处理,再传输至管理数据库;管理数据库统一发布控制信息,传感网络平台接收信息并下发给各感知控制物理实体执行。

组合 4（见图 2-17）是用户平台为集中式、管理平台为组合式前分、对象平台为独立式功能平台的制造物联网，适用于处理制造业务更为复杂、生产运算量更为庞大的情况。感知控制物理实体生成的感知信息经由传感网络平台到达管理平台后，先由管理平台上的分数据库进行初步存储，获授权的功能模块调用所需信息进行二次处理后反馈至分数据库存储，管理总数据库则按需调用相关数据并传输至服务平台，最后由服务平台上传至生产部门负责人处分析决策。用户平台生成的控制信息经由服务平台下达至管理平台，由管理总数据库初步存储、分类至分数据库备份储存；需要进一步分析时由对应的获得授权的功能模块对控制指令进行分析和处理，再传递回分数据库，接着由分数据库将控制信息传输至传感网络平台后进一步传输至对象平台知悉和执行，完成该物联网的闭环信息运行。

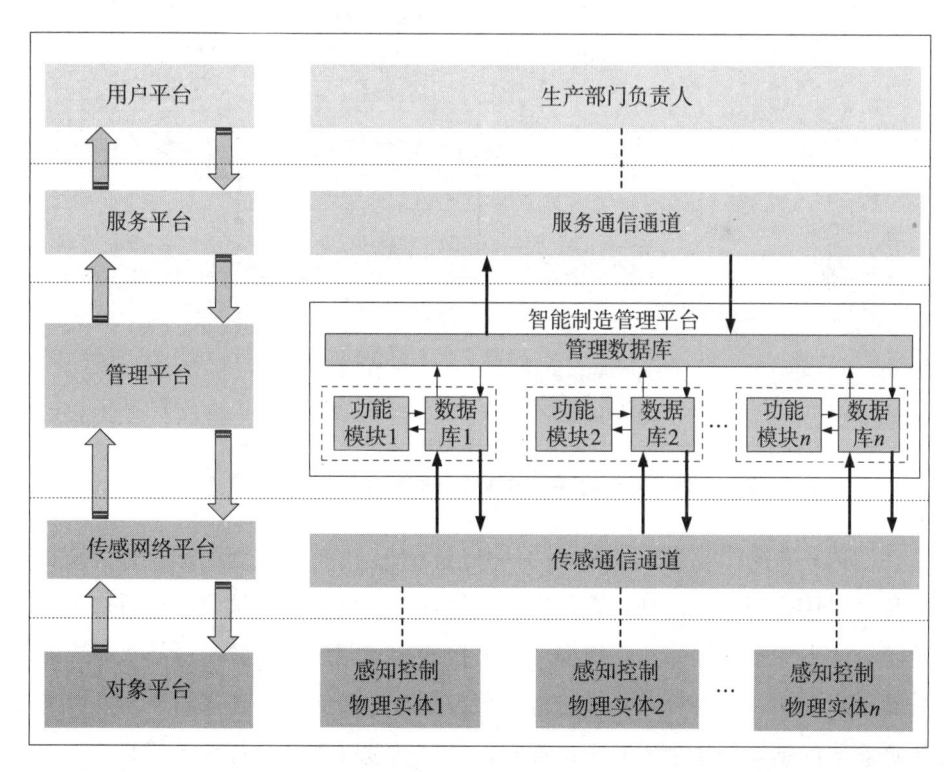

图 2-17 复合物联网中制造物联网的作业模式组合 4

制造物联网作业模式组合 4 的优势在于管理分数据库分担了管理总数据库存

储感知信息的压力，分平台功能模块的及时运算可以减轻总数据库运算负荷，并且使信息流转更灵活、快速，保障物联网实现高速运转和快速响应，从而提高生产效率。

组合5（见图2-18）是用户平台为集中式、管理平台为组合式后分、对象平台为独立式功能平台的制造物联网，同样适用于处理较为复杂的生产问题，对企业数据处理的综合能力要求也较高。

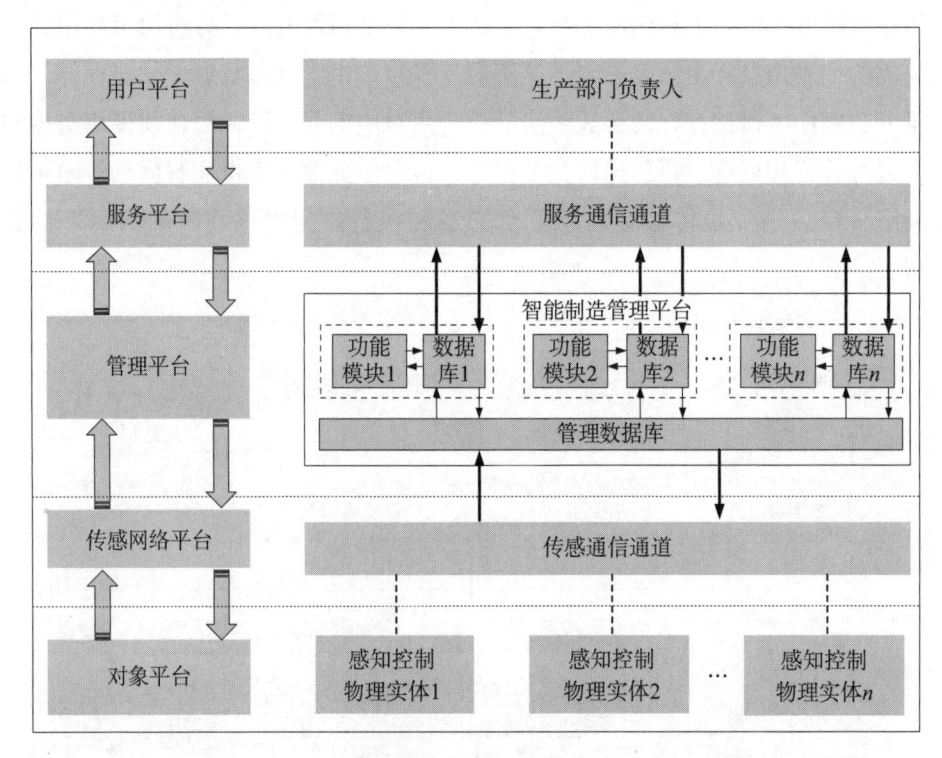

图2-18　复合物联网中制造物联网的作业模式组合5

在制造物联网作业模式组合5的信息运行中，由感知控制物理实体生成的感知信息经过传感网络平台到达管理平台，管理总数据库统一接收、整理、归类后传输至分数据库备份存储，功能模块根据授权按需调用生产数据进行处理，再传回分数据库存储，并由分数据库传输至服务平台，最终上传至用户平台。用户平台根据获取的感知信息生成并下达控制信息，通过服务平台传输至管理平台；管理分数据库对控制指令进行识别、筛选并存储，功能模块根据授权按需调用控制指令信息进行分析、处理并回传到分数据库；控制信息继续传输至管理总数据库统筹规划，由管理总数据库向传感网络平台传输，最终由对象平台接收和执行，完成该物联网的闭环信息运行。

复合物联网中制造物联网的作业模式组合4和组合5常见于制造体系较庞大、数据处理体系较完善的工业企业，这两种作业模式组合对于信息的处理更为精细，可以兼顾各生产线中的数据细节，完善生产流程。但信息处理过程中的授权情况较复杂，需要分平台功能模块、分数据库及管理总数据库良好的分工协作；若对生产数据信息的种类、难易程度等未做好区分和授权，则易引起作业流程的冗余和混乱，降低生产效率。

复合物联网中制造物联网的每种作业模式组合各有适用条件，需要工业企业根据自身需求来进行选择和布局。在企业的已有条件下，经过筹划、安排，选择最合适的作业模式，才更可能达到最优的效果。

二、复合物联网中的管理物联网

复合物联网中的管理物联网是制造物联网的辅助网，基于有效管理员工生产这一目标而组建，是辅助技术创新成果发挥效用不可或缺的管理创新产物。

（一）管理物联网的需求与组网

在工业企业中，生产制造的高效性、有序性、敏捷性及可控性既依托于制造体系本身的可靠运行，也依托于管理体系的创新和赋能。技术创新与管理创新相辅相成，有利于制造的全面智能化。智能制造复合物联网中的管理物联网正是充分发挥管理智能的物联网。

生产部门的技术工人、基层管理者与负责人均有优化生产线与人员管理、提升管理效率与执行效率的需求，从而推动管理物联网的组建。

生产线技术工人直接执行生产任务，处于工业企业的生产一线，最了解制造过程中的具体进度、技术细节及各类操作问题，成为该管理物联网的对象平台。接受智能化有效管理的技术工人能够快速响应生产需求，充分利用制造设备的功能开展生产任务，提高生产的稳定性和可控性。

技术工人的直接管理者（如班组长、车间主任），负责对技术工人进行调配，提供支持，激发技术工人的内在积极性和创造性，确保技术工人能够最大限度地发挥自身能力，并以流畅的管理促进生产线的不断改进和完善，成为该管理物联网的管理平台。

生产部门负责人统筹产品生产制造的全流程，通常是技术工人的间接管理者，其管理范围覆盖整个生产过程和各类要素，成为该管理物联网的用户平台。充分发挥管理智能的生产部门负责人能够把控生产方向，实现生产线资源的有效配置、生产计划的执行、质量的控制以及其他各环节的协调运行，从而提高生产效率，控制生产成本，确保产品的质量和交付。

（二）管理物联网的结构

复合物联网至少有一个平台具备两个及以上功能分平台，且至少有一个平台是单一功能平台。在智能制造复合物联网的管理物联网中，不同工种或班组的技术工人承担感知和控制功能，构成复合功能平台——对象平台，执行用户平台的指令，对智能感知控制设备进行调试和维护；生产部门负责人制定该物联网的管理体系和规则，在该物联网中对部门员工的生产安排事项具有统一的最高决策权，构成单一功能平台——用户平台。

管理平台与两个通信平台（服务平台与传感网络平台）的共同职责是充当用户与对象之间的桥梁，实现对象对用户需求的满足以及用户对对象的管控。管理平台是统筹该管理物联网有序运行的关键功能平台，在用户的授权下发挥组织人员开展生产相关活动、指挥并指导生产过程、管控生产任务执行情况、协调资源解决生产矛盾等职能，从而保障技术工人与机器设备在最佳状态下稳定运行，达成生产目标。该管理物联网中的服务平台附属于用户平台，由得到授权的服务通信人员及相关辅助设备组成，辅助用户实现对管理者的领导。服务平台负责直接提供用户——生产部门负责人所需的信息，便捷地响应用户的需求，接收用户的控制信息并发布；联通管理平台和用户平台，充当服务通信通道，保障管理者与用户之间的通信顺畅。传感网络平台则附属于管理平台，充当传感通信通道，协助管理者开展管理工作，传递信息并进行初步处理，保障管理者与对象之间的通信顺畅。

在复合物联网的管理物联网中，服务平台、管理平台、传感网络平台作为联通对象与用户两方的桥梁，均存在七种适用于不同管理情况的分平台模式。不过，服务平台和传感网络平台的数据量、数据复杂程度及数据处理需求都少于或低于管理平台，通常情况下无须采用复杂的结构形式，下面不做过多阐述，其分平台模式参照管理平台即可。

1. 用户平台

复合物联网中的管理物联网将人员的高效运作、相互配合以及生产目标的高质量达成作为主导性需求，该需求由单一用户功能平台——生产部门负责人发出。用户平台的结构如图 2-19 所示。

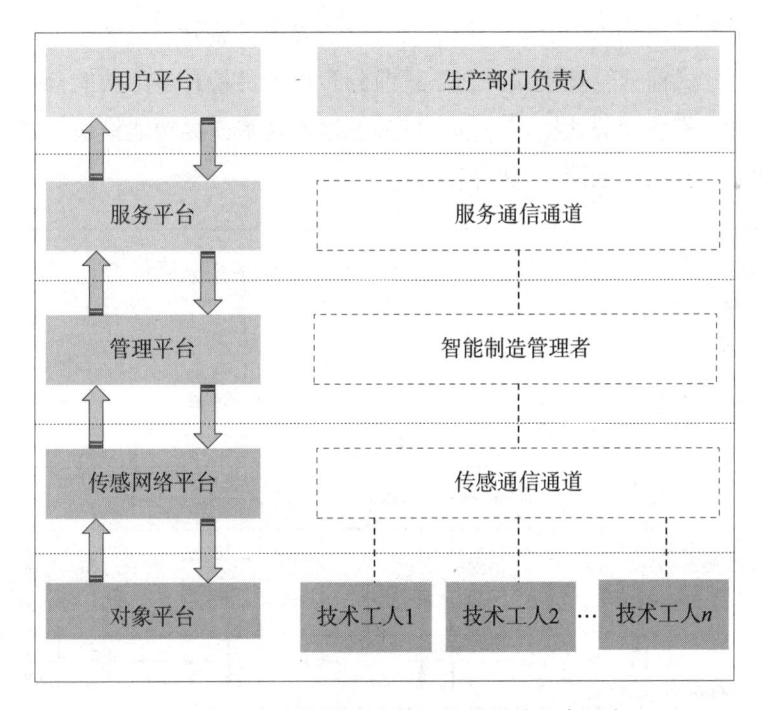

图 2-19 复合物联网中管理物联网的用户平台

生产制造是一个依据明确指令进行管控的系统性工程，涵盖订单管理（包括获取、跟踪和维护订单等）、生产计划管理（包括制定、跟进和调整生产计划等）、原材料管理、库存管理等方面，具有较强的流程性，涉及多道工序和多类人员。生产部门负责人居于用户平台，肩负集中管控生产制造环节的重任与权能，其决策关乎整个生产制造体系的成败。

因此，用户平台往往采取集中统一领导方式，汇集全方位信息作为管理决策的基础。集中统一领导即生产部门负责人作为明确的、唯一的用户平台，将生产制造环节的决策权集中起来，统一进行资源调度和分配，从而制定统一的生产标准、制度，统一贯彻采购、配置、使用和处置资源的规范，统一安排人员工作职责，避免令出多门、生产计划紊乱、管理标准不一等问题。这一管理方式要求生产部门负责人具备把控生产所涉及的各项事务、灵活机动地应对生产中的突发事

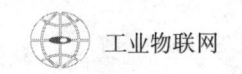

件、合理配置人员等综合能力。

2. 管理平台

在复合物联网中管理物联网用户平台的集中统一领导下，管理平台以分平台模式开展精细化管理工作，提升管理效能。其管理模式可分为独立式前分、集中式前分、组合式前分、中分式、独立式后分、集中式后分、组合式后分七种。

（1）独立式前分管理模式。独立式前分管理平台具有多个功能分平台，每个分平台由功能模块和分数据库组成，且分数据库紧密连接功能模块，统一接入管理总数据库，其结构如图2-20所示。

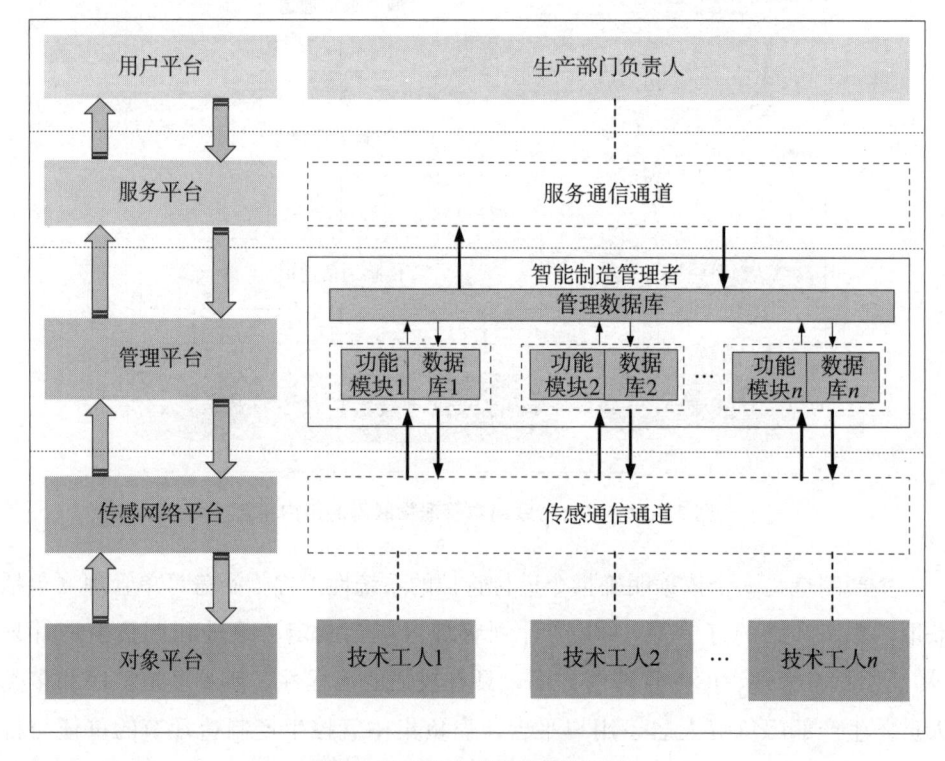

图2-20 独立式前分管理平台

从传感网络平台传输来的感知信息先由分平台进行处理，功能模块1、2、…、n分别可以自由调用分数据库1、2、…、n的数据，经由分平台使用或处理后的数据信息进一步传输至管理总数据库。

独立式前分管理平台的分平台功能模块与分数据库融为一体。这一方面使功能模块的信息获取变得便利、自主，能够及时应对复杂多变的生产管理事务，有效推动了分平台功能的发挥。但另一方面，分平台中功能模块获取和利用信息的自主性过强，调用信息不经过总平台（指部署总数据库的管理功能实体）的控制，一则容易各自为政，与其他分平台的决策和利益相抵触，造成内耗；二则脱离总平台的控制，使得总平台上的数据库与分数据库之间信息不对称，从而难以依托全面、完整的信息做出准确决策，最终阻碍管理平台的良好运行，影响管理物联网的整体运行效果。

"分平台独立于总平台"的管理模式不利于工业系统的长期良性发展，工业企业进而转向控制程度较高的集中式前分管理模式。

（2）集中式前分管理模式。集中式前分管理平台具有多个功能分平台，每个分平台由互不相连的分数据库与功能模块组成，且分数据库与功能模块均由总平台直接管辖，其结构如图 2-21 所示。

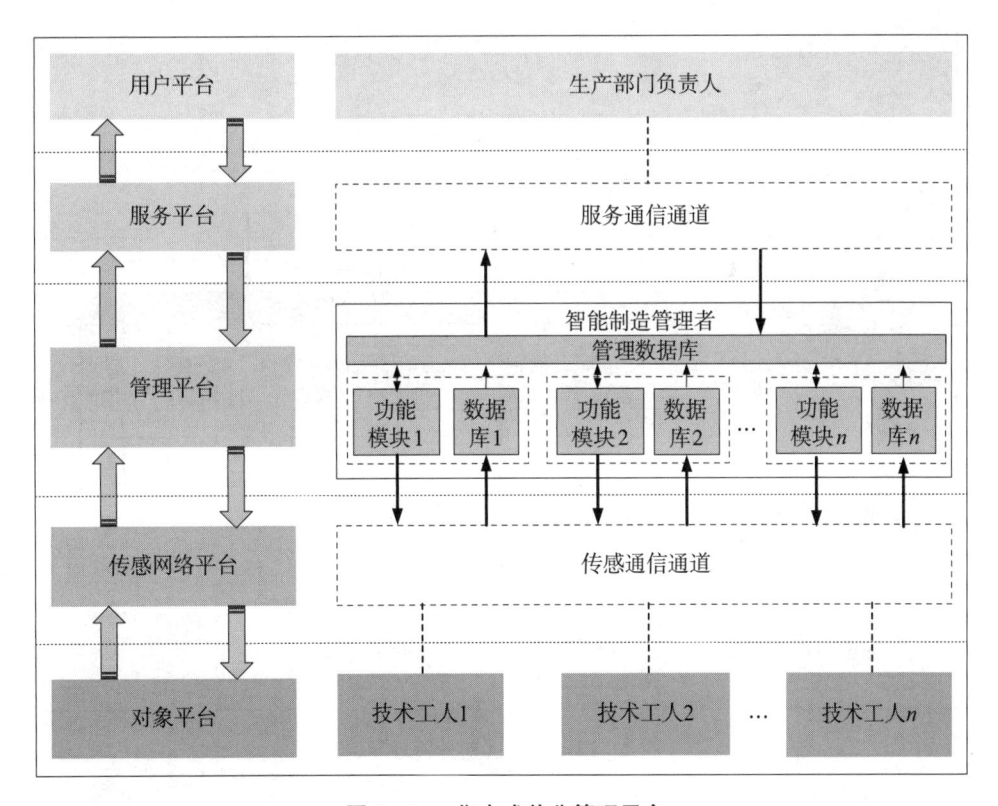

图 2-21 集中式前分管理平台

在集中式前分管理平台中，分平台功能模块与分数据库分开部署，功能模块不能直接调用分数据库中的数据，需要通过管理总数据库获取数据信息，这在一定程度上解决了总平台不能对分平台进行集中控制的问题。

不过，感知信息先传输至分数据库 1、2、…、n，再传输至管理总数据库，接着由总数据库分发至功能模块 1、2、…、n，功能模块基于数据开展管理运作的流程较长，机动处理日常事务或紧急事务的速度均受到限制；并且分数据库的所有数据均汇总至管理总数据库，这在一定程度上削弱了分布式数据库分担存储压力的作用，使得管理总数据库所需的存储容量过大，造成存储过度集中、分平台（尤其是分数据库的存储功能）形同虚设的困境。

（3）组合式前分管理模式。组合式前分管理平台在具有集中式前分管理平台中功能模块与分数据库分开部署特点的基础上，又通过授权的方式使分平台中的功能模块与分数据库能够协同运行，其结构如图 2-22 所示。

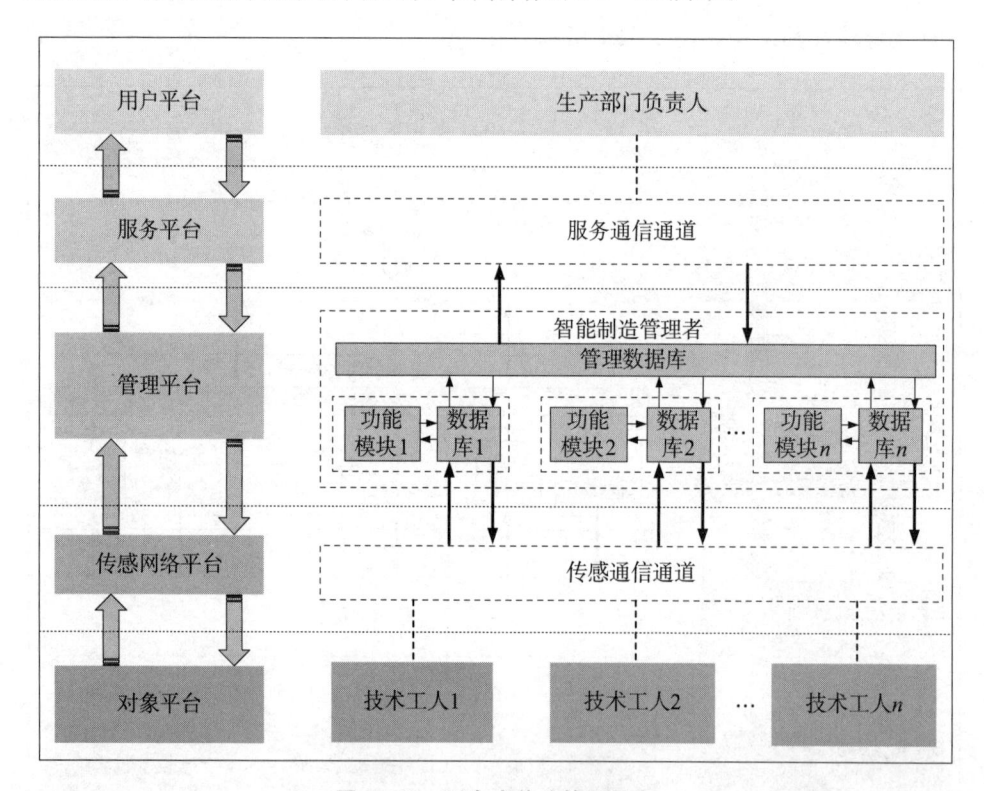

图 2-22　组合式前分管理平台

在组合式前分管理平台中，各分平台上的分数据库是管理总数据库功能的延伸，分数据无须全部上传至管理总数据库，管理总数据库仅按需调用和存储一些重要数据，因此管理总数据库的容量无须大到等同于所有分布式数据库的总和。

总平台与分平台以分级授权的形式运行。一般情况下（即对于普通的智能制造管理业务），各分平台功能模块可以依照既定授权调用分数据库的数据。遇到重大业务或其他特殊情况等超出原有授权范围的情况，功能模块则需要经由分数据库向总平台申请授权，再依据新的授权从分数据库调用数据。在一些情况下，从传感网络平台传输过来的感知信息到达分数据库后直接进行存储（如无须经由功能模块继续处理的信息），或继续直通管理总数据库（如重要且紧急的信息）。

组合式前分管理平台中的分平台功能模块依据授权调用数据，分数据库依据总平台的需求传输数据，将集中管理与分权管理、集中存储与分布式存储相结合，有效规避了管理失控和总数据库存储压力过大的难题，充分发挥了分布式数据库的优势。不过，明确授权范围和分权条件便成为考验管理平台——智能制造管理者能力的重要试金石。清晰、合理且明确的授权是保证组合式前分管理平台高效运行的前提。

（4）中分式管理模式。中分式管理平台由一个管理总数据库和多个分平台功能模块组成，各功能模块不配备独立的数据库，其结构如图 2-23 所示。

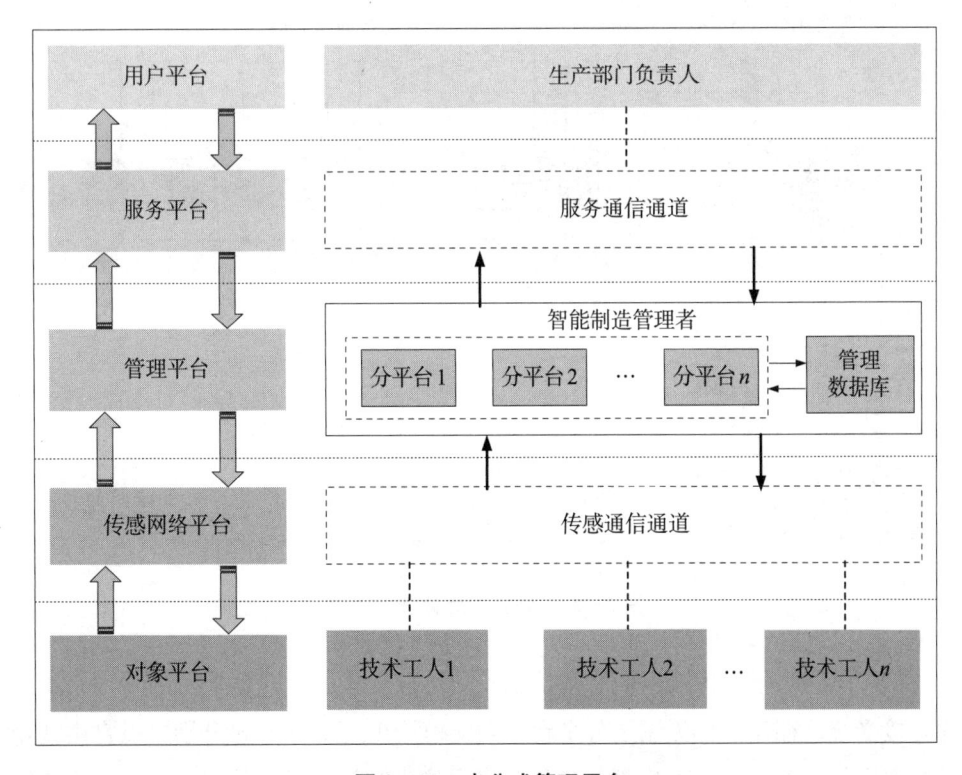

图 2-23　中分式管理平台

感知信息传输至中分式管理平台后，先存储至管理数据库，再分类派发至各分平台功能模块，功能模块只进行信息的简单传输或直接执行，不进行存储备份，功能模块继续将数据传输到服务平台。简言之，中分式管理平台聚焦于感知信息的统一接收和分发，信息的安全性更高，通过分平台功能模块强化管理平台内部的分工，可以减轻平台自身的信息运转压力。但由于分平台不对数据进行备份存储，管理数据库的数据一旦丢失便很难从自身或分平台功能模块处找回，这不利于信息的有效存储和追溯。

（5）独立式后分管理模式。独立式后分管理平台的分布顺序与独立式前分管理平台相反，管理总数据库接近传感网络平台，分布式数据库处于接近服务平台的位置，其结构如图2-24所示。

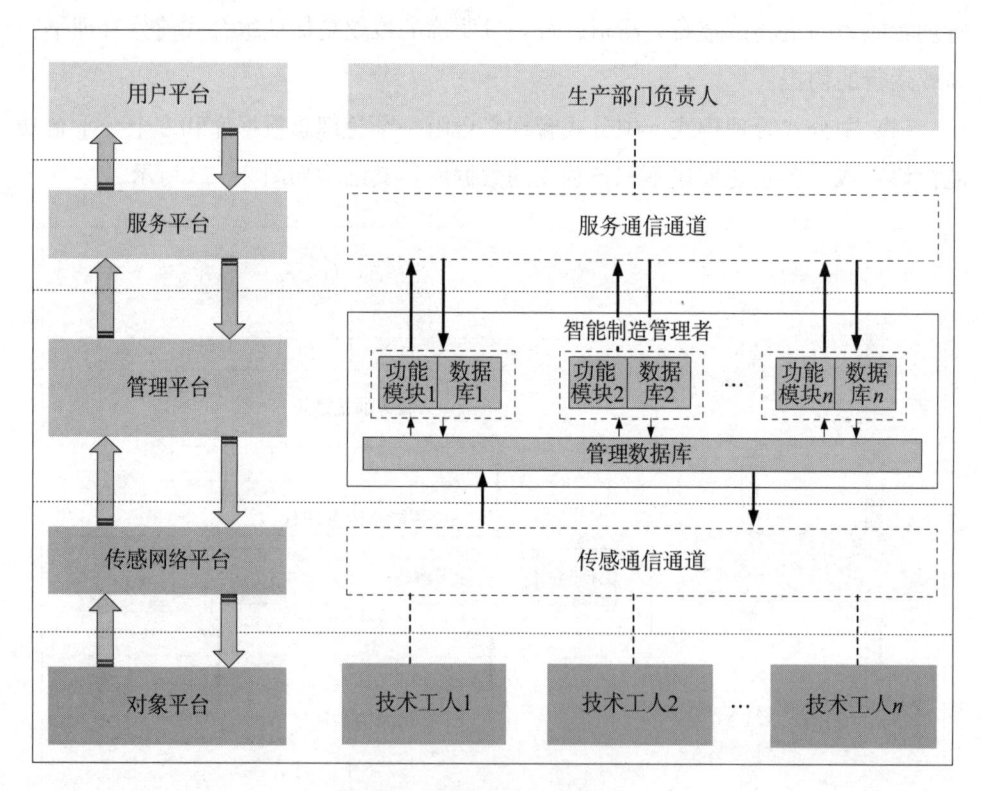

图2-24 独立式后分管理平台

从传感网络平台传输来的感知信息先到达独立式后分管理平台的管理总数据库，接受统一存储，再传输至分平台；功能模块1、2、…、n 分别可以自由调用分数据库1、2、…、n 的数据，经由分平台使用和处理后的数据信息进一步传输至服务平台,从而降低服务平台的数据存储和管理压力。

在独立式后分管理平台中,分平台功能模块与分数据库协同配合度较高,并且具有一定的管理自主性,有利于分平台功能的发挥。

不过,所有后分式管理平台的分布均存在管理总数据库的数据存储量极其庞大、分布式数据库又难以充分分担管理总数据库存储和运算压力的特点,导致管理平台呈现"假分布,实则大集中"的弊端。

(6)集中式后分管理模式。集中式后分管理平台的分布顺序与集中式前分管理平台相反,管理总数据库与分布式数据库分别处于接近传感网络平台、服务平台的位置,其结构如图2-25所示。

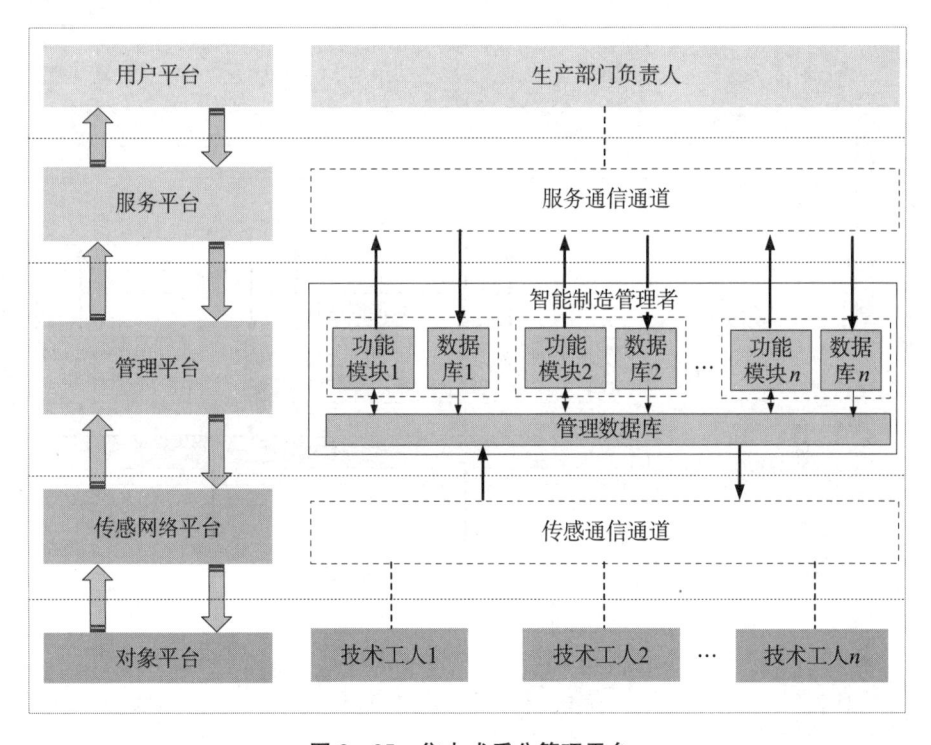

图 2-25 集中式后分管理平台

在集中式后分管理平台中,分平台功能模块与分数据库不相连且不能直接调用分数据库中的数据,而是由总平台集中管理。感知信息首先存储到总平台上的管理总数据库,再由管理总数据库分类派发至各个分平台功能模块,功能模块进行信息的简单传输或直接执行,并继续将数据传输到服务平台。控制信息从服务平台传输至管理平台时,直接由分平台上的各个分数据库接收和存储,再传输至管理总数据库。

集中式后分管理平台与独立式后分管理平台的相似之处，是做到了对数据的集中管控和备份存储，减轻了服务平台的管理压力，但对管理总数据库的存储容量要求较高，不利于减轻管理总数据库自身的信息存储和运算压力。两者的差异之处则是集中式后分管理平台的分平台功能模块缺乏管理自主性，必须接受总平台的集中统一管理，功能模块与分数据库的协同程度下降，进而影响业务处理效率。

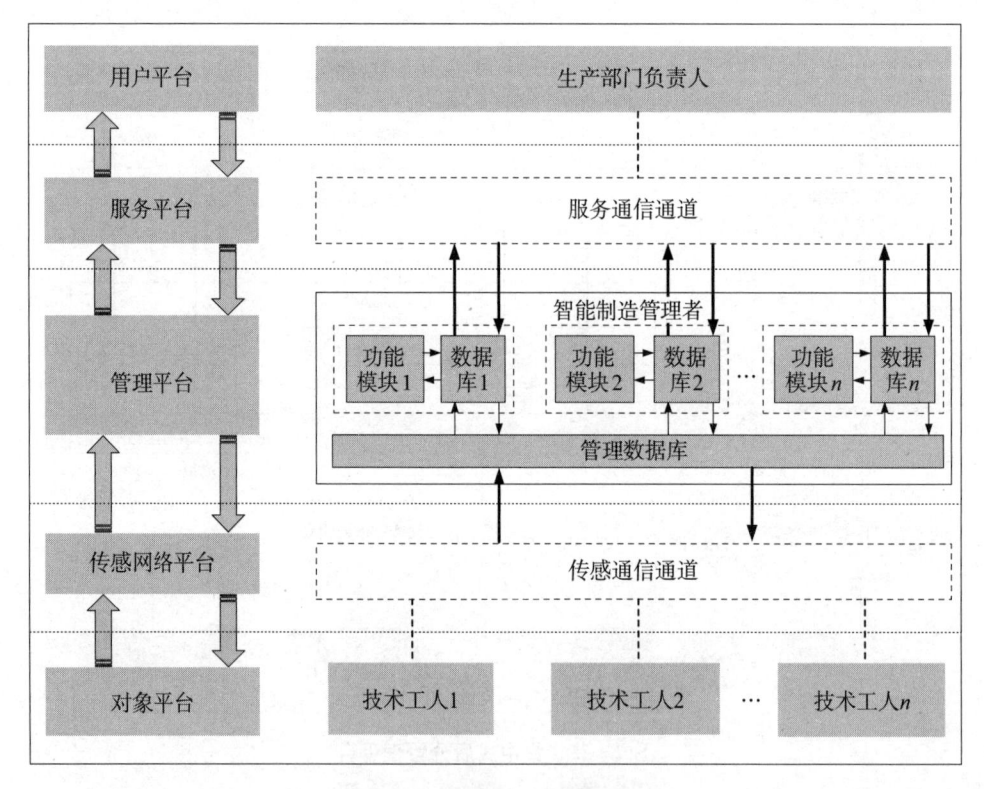

（7）组合式后分管理模式。组合式后分管理平台的分布顺序与组合式前分管理平台相反，管理总数据库与分布式数据库分别处于接近传感网络平台、服务平台的位置，其结构如图 2-26 所示。

图 2-26　组合式后分管理平台

从传感网络平台传输来的感知信息先到达管理总数据库接受统一存储，再分布式存储至分数据库 1、2、…、n。分平台功能模块 1、2、…、n 可以根据已有授权从分数据库 1、2、…、n 调用信息；遇到超出原有授权范围的情况，功能模块则需要经由分数据库向总平台申请授权，再依据新的授权从分数据库调用数据。对于无须经由功能模块执行或继续处理的信息，可以从管理总数据库通过分数据库后直接传输至服务平台。

组合式后分管理平台中的管理总数据库同样需要存储所有数据再分配至分平台，其分级、分类授权的管理模式无法真正起到减轻管理总数据库压力的作用，只能使各分平台功能模块根据授权各司其职，这在一定程度上优化了平台自身的管理效能。

3. 对象平台

一组或一类技术工人承担一个工种的生产制造或设备维护管理任务，担任一个对象分平台，共同组成该管理物联网中的对象平台，其结构如图 2-27 所示。

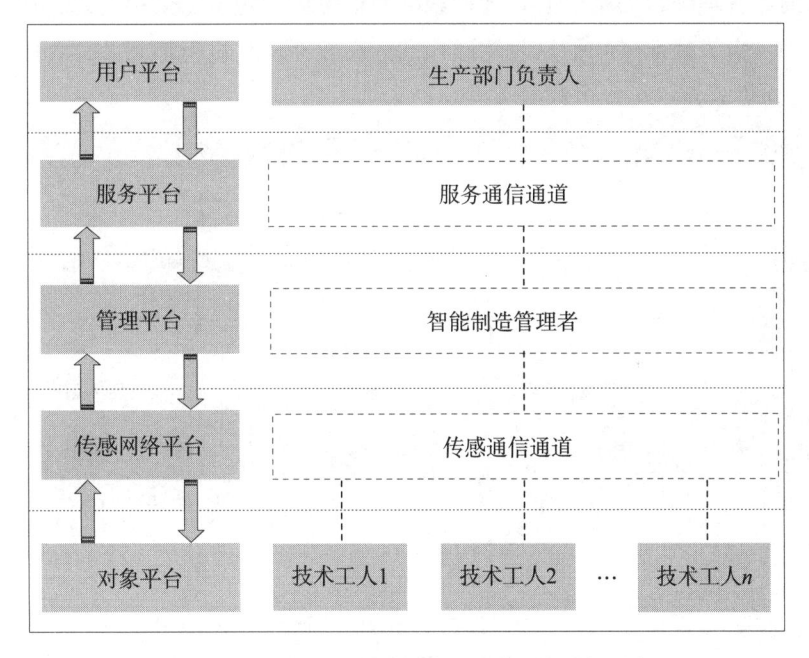

图 2-27　复合物联网中管理物联网的对象平台

技术工人是技能型人才，是支撑生产制造的重要力量。大量技能型人才的合理配置为制造质量的提升提供有力保障。将技术工人以分平台模式分布在生产制造现场，一则便于智能制造管理者优化管理，合理划分工序与工种，将业务统筹工作精细化；二则有助于对不同工种的技术工人实施具有针对性的管理，充分发挥其技能和才智，保障多种不同工序的作业按计划高效开展；三则提升每一类工种与相应类型设备的协同程度，从而减少技术工人和设备的闲置时间，充分发挥

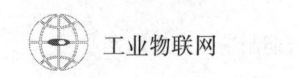

设备的运作效能，达到人尽其才、物尽其用的协同生产效果。

（三）管理物联网的整体运行

由于服务平台一般作为临时存储和传输信息的通信平台，其所接收的信息已经过管理平台的精细处理，复杂程度较低，因此下文描述管理物联网的整体运行时，均采用集中式的服务平台；传感网络平台的主要职能为简单处理和传输信息，其结构往往是现在常见的独立式前分结构。以下将对管理物联网以不同模式管理平台为基础的运行进行阐述。

1. 以前分管理平台为基础的管理物联网

以前分管理平台为基础的管理物联网的信息运行，重在分担传感网络平台的信息处理压力，确保感知信息收集和存储的高效性，其过程如图 2-28 所示。

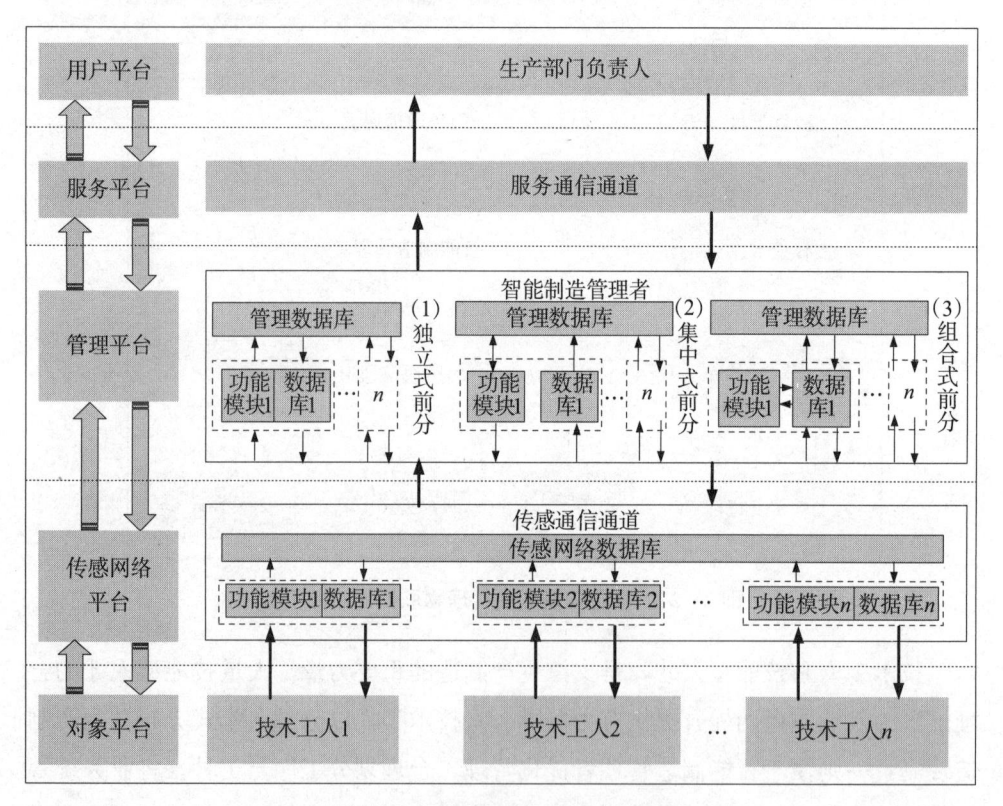

图 2-28　以前分管理平台为基础的管理物联网

注：本图显示的管理平台内部的 3 种管理模式，不是指它们以组合形式同时存在，而是它们各自均有被选择的可能性，只是同时表现在了一幅图中。图 2-30 同理。

各技术工人分平台（技术工人1，技术工人2，…，技术工人n）在生产制造中获取和生成的感知信息，如工艺管理感知信息、设备管理感知信息、设备操作感知信息等，传输至感知网络平台。

传感网络平台（借助传感网络分布式数据库）对感知信息进行分类接收和独立存储，再（借助传感网络总数据库）进行融合式统一存储，由传感网络总数据库对融合后的感知信息简单分类并依次传输至管理平台。虽然只是进行简单的信息分类，但传感网络总数据库的运算压力依然不小。

感知信息到达管理平台后存在多种存储和处理方式，可接受独立式前分、集中式前分或组合式前分管理。

(1) 感知信息的独立式前分管理。感知信息被管理平台上的分平台接收和存储，一方面分布式数据库名义上受到总平台及其数据库统辖，分担管理总数据库的运算压力；另一方面分布式数据库受到功能模块的统辖，其信息可直接被分平台功能模块调用，无须授权管理。

以独立式前分管理平台为基础的管理物联网，能够极大限度地发挥分平台功能模块的职能，提高收集感知信息的效率，更好地适应特殊生产情况和满足信息处理需求，减少信息滞后和失真。但分平台功能模块在接受统一管理之前就能做出部分决策甚至是错误决策，这容易导致决策分散化、资源分配不均衡以及大规模组织的管理混乱，阻碍总平台的功能发挥。在总平台基于全局数据做出的决策与分平台的决策不同时，功能模块容易无所适从。如设备管理职能人员基于设备数据库的信息判断设备出现故障，认为应当及时维修设备，若不能修好则需重新购置一台设备来替换。但总平台基于管理总数据库中工艺、人员操作、设备状态等方面信息判断，是生产工艺设计不合理，即便本次修理好设备或换新设备依然很快便会出故障，需要马上调整工艺流程和方法。

(2) 感知信息的集中式前分管理。管理平台上的分布式数据库对传输来的感知信息进行读取、认证、鉴权和管理，接收和存储合规的信息，拒收不符合要求的信息，如物料管理信息误上传至工艺管理数据库，设备操作信息误上传至设备管理数据库。感知信息到达管理平台，分平台功能模块不能直接调用，需向总平台说明用途，获取授权，总平台在管理总数据库已经备份的信息（由分布式数据库传输上来）中查询使用权限，根据已有授权或新增授权传递信息并指挥功能模块进行操作。而分布式数据库未上传至管理总数据库的信息，管理总数据库难以第一时间对分平台功能模块的请求进行回应，总平台实体、管理总数据库、分平台功能模块和分布式数据库之间需进行多次信息通信才能完成授权和信息调用，并且这样的情况会经常出现。

以集中式前分管理平台为基础的管理物联网，能够较为灵活地采集和传输下层平台生成的感知信息，但总平台对生产信息进行全面融合、把控和整体统筹所需的时间较长，不利于管理能效的提升。

（3）感知信息的组合式前分管理。感知信息先由管理平台的分布式数据库分类接收和存储，分布式数据库再将管理总数据库明确需要的信息传输上去，分平台功能模块在总平台授予的权限范围内调用数据。

以组合式前分管理平台为基础的管理物联网，能够基于集中管理、分级授权的机制进行智能化决策统筹，分平台上的分布式数据库、功能模块又能够分散信息存储压力和处理压力，提高执行效率，减少管理混乱和信息传递不畅的问题。但该管理物联网对于管理平台的运营管理能力和计算稳定性、可靠性等要求较高，运营管理能力较弱的总平台将导致分平台执行混乱，影响信息运行效果。

经由管理平台筛选、过滤、排序以及提炼的感知信息，传输至集中式服务平台，最终由服务平台简要处理后传输至集中式用户平台，用户平台根据感知信息做出决策并进行把控。

感知信息在集中式用户平台内部转换成控制信息，经由集中式服务平台传输至管理平台。控制信息首先被管理总数据库接收和存储，总平台对信息进行综合处理和分类，再分派至分布式数据库，分平台功能模块基本上无须再进行复杂的信息处理工作，如有需要则根据授权处理（其中，组合式前分管理模式下的功能模块严格按照授权执行指令，集中式前分管理模式下的功能模块还需先向总平台获取授权才能进行下一步操作）。各个管理分平台将控制信息传输至传感网络平台，信息先由传感网络总数据库接收和存储，再传输至各个分布式传感网络数据库备份和存储。最终，经过分布式传感网络数据库分类存储的控制信息到达相应的对象分平台，各组、各工种技术工人根据控制信息对智能生产设备、设施或其他要素实施控制。

2. 以中分式管理平台为基础的管理物联网

以中分式管理平台为基础的管理物联网的信息运行过程如图 2-29 所示。

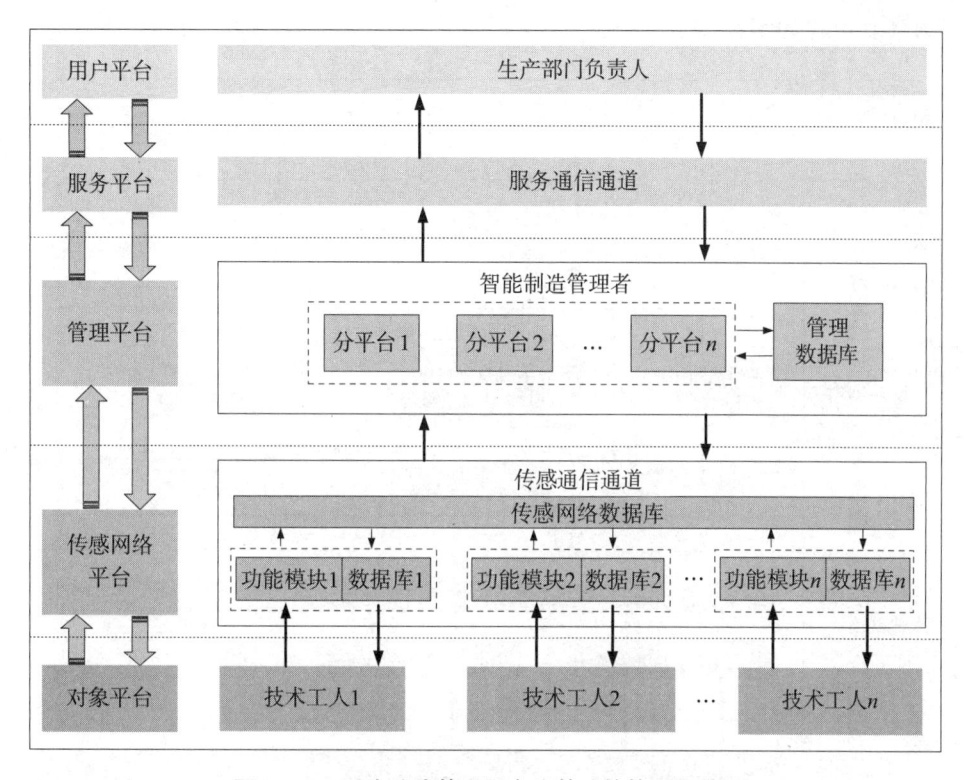

图 2-29 以中分式管理平台为基础的管理物联网

各技术工人分平台生成感知信息，经由独立式前分传感网络平台传输至中分式管理平台。信息先由管理数据库接收和存储，总平台集中处理信息、统筹资源，再统一分配至各分平台功能模块执行，从而在一定程度上规避重复建设分布式数据库和资源浪费等问题。但这一结构通常只适用于数据量较小、管理工作较为简单的情况，否则会导致管理数据库的存储容量、运算压力和决策压力过大，最终影响决策的时效性和灵活性。感知信息继续经由集中式服务平台传输至集中式用户平台，在用户平台中转换为控制信息。

控制信息经由服务平台传输至管理平台，首先被管理分平台功能模块接收和处理，处理过的控制信息再统一传输至管理总数据库，由管理总数据库统一存储和发布。然后控制信息经由独立式前分传感网络平台传输至各个对象分平台，技术工人根据指令进行作业。

3. 以后分管理平台为基础的管理物联网

以后分管理平台为基础的管理物联网的信息运行，重在分担服务平台的运算压力,其过程如图 2-30 所示。

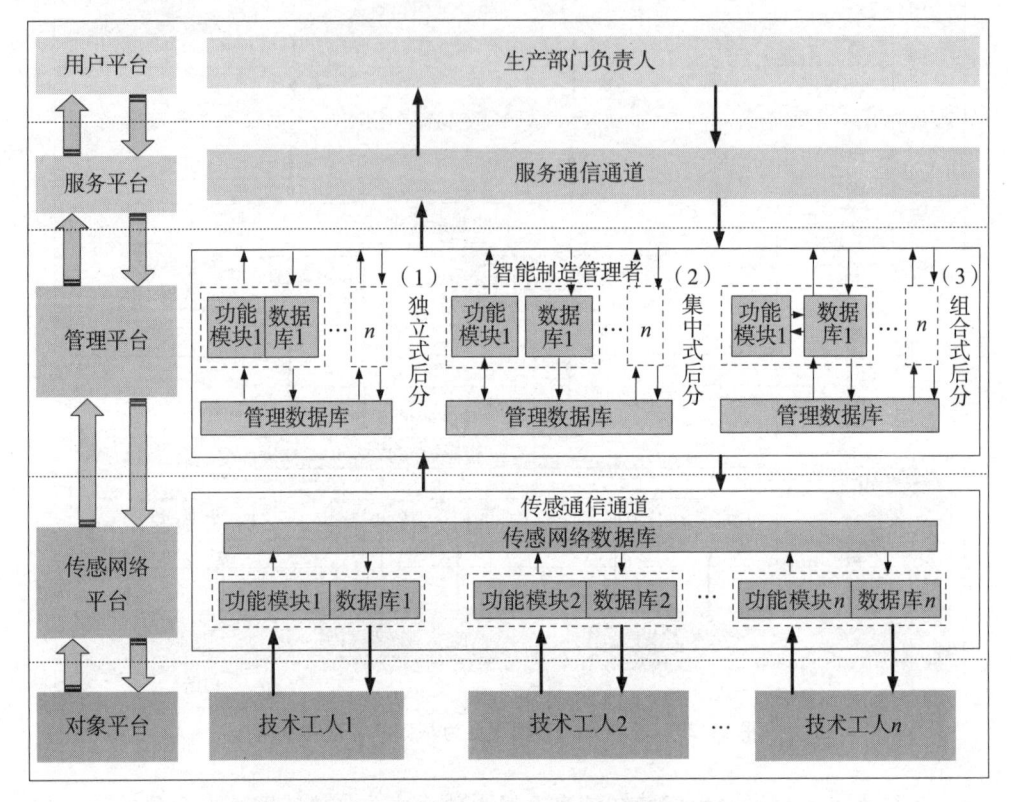

图 2-30　以后分管理平台为基础的管理物联网

从各个对象分平台生成的感知信息通过独立式前分传感网络平台传输至管理平台,感知信息到达管理平台后均由管理总数据库统一接收和存储,由总平台集中处理和分类后发布至分平台。感知信息到达分平台后有多种存储和处理方式:(1)感知信息的独立式后分管理,即感知信息由分数据库进行存储备份,分平台功能模块可直接调用数据;(2)感知信息的集中式后分管理,即分平台功能模块听从总平台的调配,在管理总数据库的指挥下进行作业;(3)感知信息的组合式后分管理,即感知信息先由分数据库进行存储备份,分平台功能模块根据已有授权调用数据,不在授权范围内的信息需通过分数据库向总平台申请授权后方可使用,同时分数据库可根据判断情况直接上传服务平台所需的部分信息。经由管理分平台进行精细处理的感知信息传输至集中式服务平台,最终由服务平台简要处理后传输至集中式用户平台,用户平台根据感知信息做出决策和进行把控。

后分管理平台模式均具有先进行集中管理再辅以分散管理的优势。在感知阶段可以使管理程序更加标准化、监管流程更加可控，并适当激发分平台自主性，加强决策的灵活性。但这种模式在一定程度上增大了决策层级和决策分析的复杂程度，非常考验管理总数据库和支撑分平台功能模块的分数据库之间的分工与配合。

感知信息在集中式用户平台内部转换成控制信息，经由集中式服务平台传输至管理平台。控制信息到达管理平台后同样有多种存储和处理方式，将接受独立式后分、集中式后分或组合式后分管理。

（1）控制信息的独立式后分管理。控制信息被管理分平台灵活使用，功能模块可直接调用所获取的信息，信息处理结果在分平台内部（功能模块和分数据库之间）流转，最后汇总存储至管理总数据库。经过各分平台分别处理的控制信息，容易因分平台自身的管理能力、信息处理能力、理解能力的差异而导致其曲解了服务平台传达的意思，从而使下层平台接收和执行的控制指令与上层平台的决策初衷不一致，造成控制力度减弱、管理混乱。

（2）控制信息的集中式后分管理。管理平台上的分数据库对传输来的控制信息进行存储后，直接传输至管理总数据库，分平台功能模块则无法从分数据库获取控制信息并执行，这削弱了分平台对控制信息的内部处理职权和能力。

（3）控制信息的组合式后分管理。控制信息先由管理平台中的分布式数据库分类接收和存储，分布式数据库将管理总数据库明确需要的信息传输过去，分平台功能模块可在总平台授予的权限范围内调用数据，有效平衡管理的灵活性和可控性，避免过度控制或控制乏力。

管理平台继续通过传感网络平台将控制信息传输至对象平台，技术工人接收控制信息并执行。

综上所述，复合物联网中管理物联网的管理模式各有优缺点。企业应根据自身需求、组织规模、目标、文化、环境等实际因素进行综合考虑，灵活运用管理模式，以便更好地满足组织的生产制造管理需求，取得最佳管理效果。

第三节　混合物联网

世界是一个庞大而复杂的生态系统，包含众多万物共生的混合物联网。智能制造中一些物理实体在不同生产部署、作业模式及管理层级下，常常承担多重角色，构成混合物联网。

由于工业智能制造板块是在企业的统一管理之下运作的，生产作业和管理特征的不同将影响企业对智能制造的布局和规划。智慧工厂工业物联网统辖智能制造工业物联网（主要指工厂管理体系介入智能制造业务），使得智能制造复合物联网的用户平台、管理平台上的物理实体所承担的功能不再确定，它们可在两个及以上物联网中处于不同的平台，进而形成智能制造混合物联网。

智能制造工业物联网中的混合物联网是依据生产部门内部的分级管理机制形成的。根据智能制造管理物理实体在不同级别物联网中所处平台的变化情况，该混合物联网通常是一个两级物联网（某些企业的生产层级较多，则有可能是多级物联网，多级物联网的情况可类比两级物联网，此处不做讨论）。与智能制造单体物联网和复合物联网的分类一样，智能制造混合物联网也分为制造物联网和管理物联网。其中，制造物联网反映了企业生产制造的组织结构和作业模式层次，如通常使用的分层式生产模式，或者涉及多级工序的复杂制造任务，可用于优化制造性能和分工；管理物联网则着重体现人员管理的结构层次，可用于分担管理压力。

一、混合物联网中的制造物联网

如图 2-31 所示，智能制造混合物联网中的制造物联网除了管理平台进行了分级（智能制造管理平台由生产部门综合管理实体和生产线管理实体两级管理实体构成）、含有内部物联网这一不同之处外，其结构大体上与复合物联网中的制造物联网相似：用户平台是生产部门负责人，服务平台、管理平台和传感网络平台均具有独立式前分、集中式前分、组合式前分、中分式、独立式后分、集中式后分、组合式后分七种可能的作业模式，对象平台仍然是众多感知控制物理实体。

下面重点阐述智能制造混合物联网中的制造物联网管理平台内网、一级网以及二级网的结构（见图 2-32）。

（一）制造物联网中管理平台的内网

智能制造管理平台承担统筹整个制造物联网的信息运行、管理其中的制造业

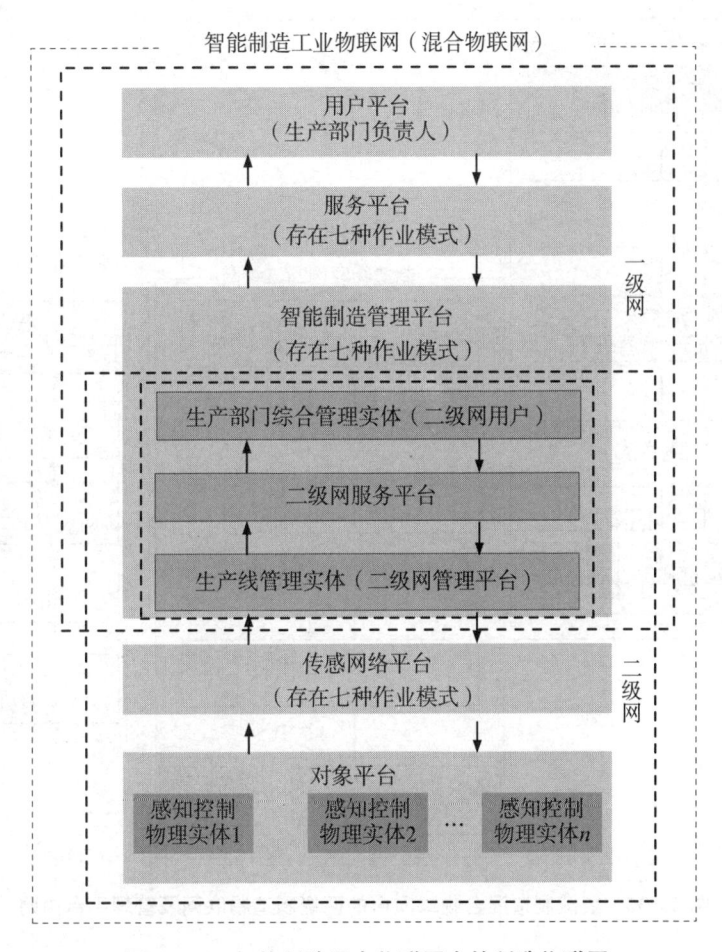

图 2-31　智能制造混合物联网中的制造物联网

务、分配资源等任务。随着制造任务和制造组织内部运作复杂性与日俱增，制造的分层级协同运作变得越发重要。

在智能制造管理平台的内网中，生产部门综合管理实体的主要功能包括用户职能部分和管理职能部分，生产线管理实体的功能则为进行感知并执行控制指令。此外，服务平台和传感网络平台是三个主要功能平台之间固有的通信通道，通常服务平台为生产部门综合管理实体自身，传感网络平台是生产部门综合管理实体和生产线管理实体二者之一，如何选择视具体情况而定。

在智能制造管理平台内网的运行过程中，生产线管理实体负责最终的执行工作，对信息源进行感知和控制，其信息源为传感网络平台的物理实体和信息。生

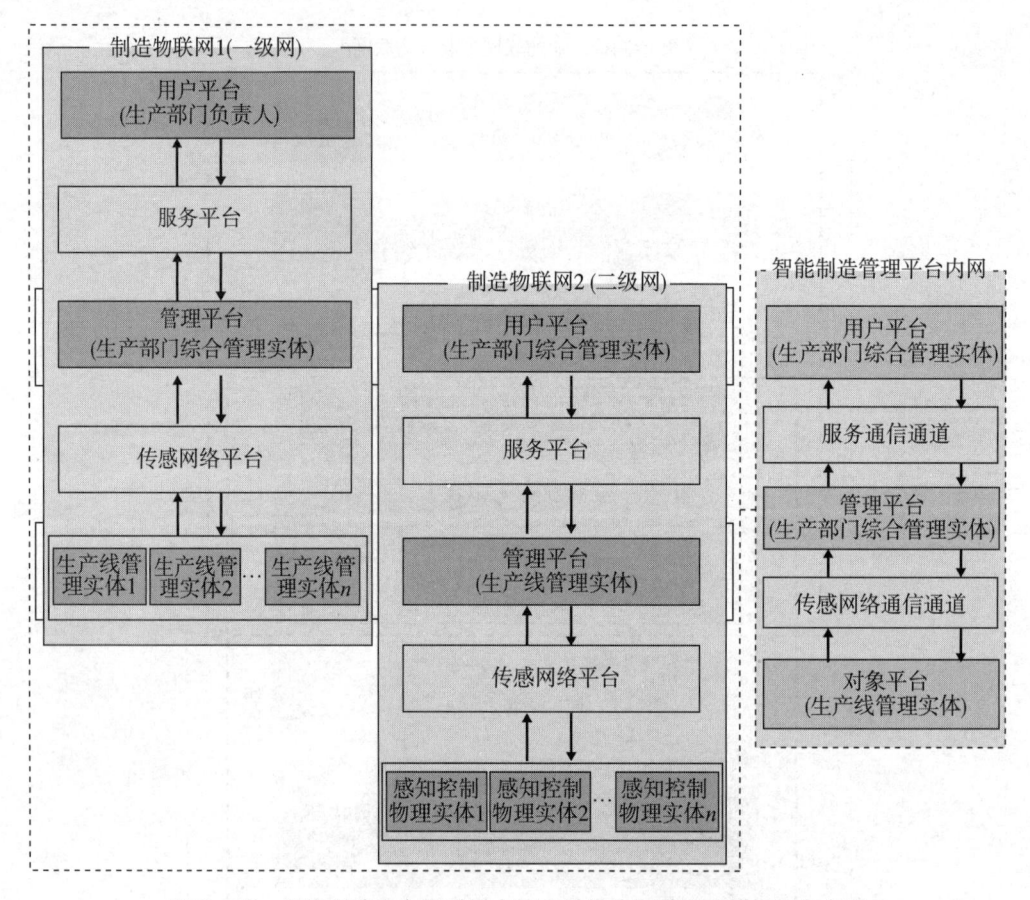

图 2-32 智能制造混合物联网中的两级制造物联网及管理平台内网

产线管理实体所生成的感知信息（如 SCADA 采集的实时数据等）通过该物联网的传感通信通道传递至生产部门综合管理实体，综合管理实体首先发挥管理职能——对信息进行统一管理、统筹、规划、组织和指导生产制造全局，再承担服务通信功能，最终做出决策，生成影响整个物联网运行的控制信息并层层下达给生产线管理实体。

（二）制造物联网一级网（以生产部门综合管理实体为管理主体）

在制造物联网中，其一级网的用户平台仍由生产部门负责人担任，服务平台为原复合物联网的服务通信通道，管理平台（同时也是传感网络平台）为生产部门综合管理实体，对象平台则由生产线管理实体（在一定条件下同时也可以作为传感网络平台）担任。这一物联网是以生产部门综合管理系统为管理主体的制造物联网（即制造物联网1）。

其中，生产部门综合管理实体需具备信息化集成（汇集各个生产线管理实体所采集的数据）、智能分类、归档、分析和预测的功能，以便为生产部门负责人团队提供可靠的决策数据支撑，如现在生产制造中广泛使用的MES（manufacturing execution system，制造执行系统/生产执行系统）正是具备综合管理功能的物理实体之一。

（三）制造物联网二级网（以生产线管理实体为管理主体）

在制造物联网中，其二级网的用户平台（同时也是该网的服务平台）为生产部门综合管理实体，管理平台（同时也是该网的传感网络平台）为生产线管理实体，对象平台则由具备感知和控制功能的物理实体担任。这一物联网是以生产线管理实体为管理主体的制造物联网（即制造物联网2）。

该物联网中的生产线管理实体负责较为简单的生产线运作信息传输及管理，如实时采集和监测所有感知控制物理实体的数据。但由于不具备分析能力，生产线管理实体便需要汇总这些数据并传输给能够进行智能分析的生产部门综合管理实体，在内网中成为生产部门综合管理实体的对象平台。

由此可见，生产部门综合管理实体和生产线管理实体在整个制造物联网中具有双重身份和功能。整体而言，这种结构非常适用于大中型企业开展生产制造业务，其各生产线上的所有设备信息并非直接传输到生产部门综合管理实体，而是先经由生产线管理实体进行汇总和简单的运算处理，因此生产线管理实体在整个二级网中发挥举足轻重的作用，具有较高的信息处理权限；同时，生产部门综合管理实体从琐碎的信息采集和初步运算中解放出来，进而能够进行信息集成和大规模数据运算，并直接管辖生产线管理实体，将其强大的信息处理能力发挥到极致，从分级存储（不经常访问的数据驻留在较低成本的数据库中，可综合性能优势与成本优势，使不同性价比的存储设备发挥最大的综合效益，减少总体存储成本）、分级计算（把使用频率较低的历史数据迁移到辅助性的分布式数据库中，减少存储时间，降低总数据库的存储压力；同时提高了在线数据的可用性，使数据库的可用容量、运转速度维持在较高水平上）中获得优化制造业务的可能。

而小微企业通常无法达到分级存储和分级计算所要求的技术水平和成本投入，不配置生产部分综合管理实体对生产线管理实体进行生产控制这一层级，直接进行一级物联网或二级物联网管理，故而较少构建智能制造混合物联网。

二、混合物联网中的管理物联网

智能制造混合物联网中的管理物联网是因管理主体的层级变化而产生的,其形成机制和结构均与制造物联网相类似,具体如图2-33和图2-34所示。

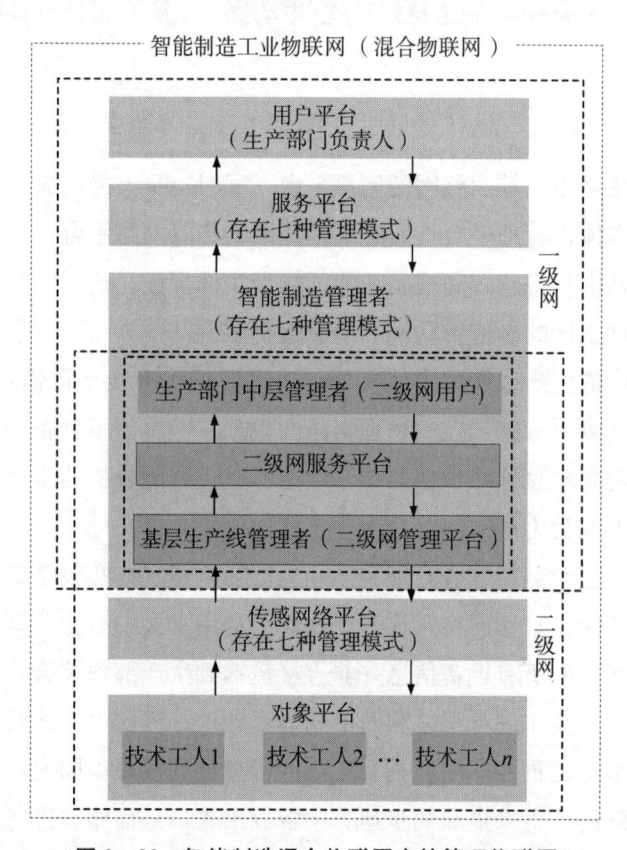

图2-33 智能制造混合物联网中的管理物联网

管理物联网中的管理平台由生产部门中层管理者和基层生产线管理者这两级智能制造管理者共同构成。在管理平台内网中,生产部门中层管理者承担用户平台、服务平台和管理平台职能,基层生产线管理者承担对象平台职能,传感网络平台职能可视情况由二者之一承担。

在整个智能制造混合物联网的管理物联网中,存在明显的分级管理特征。其优势是能够明确区分各种生产要素的组织管理、筹划调度等方面的主次和细致程度,减轻管理者(尤其是高层管理者)的压力,降低管理成本,发挥最大的管理

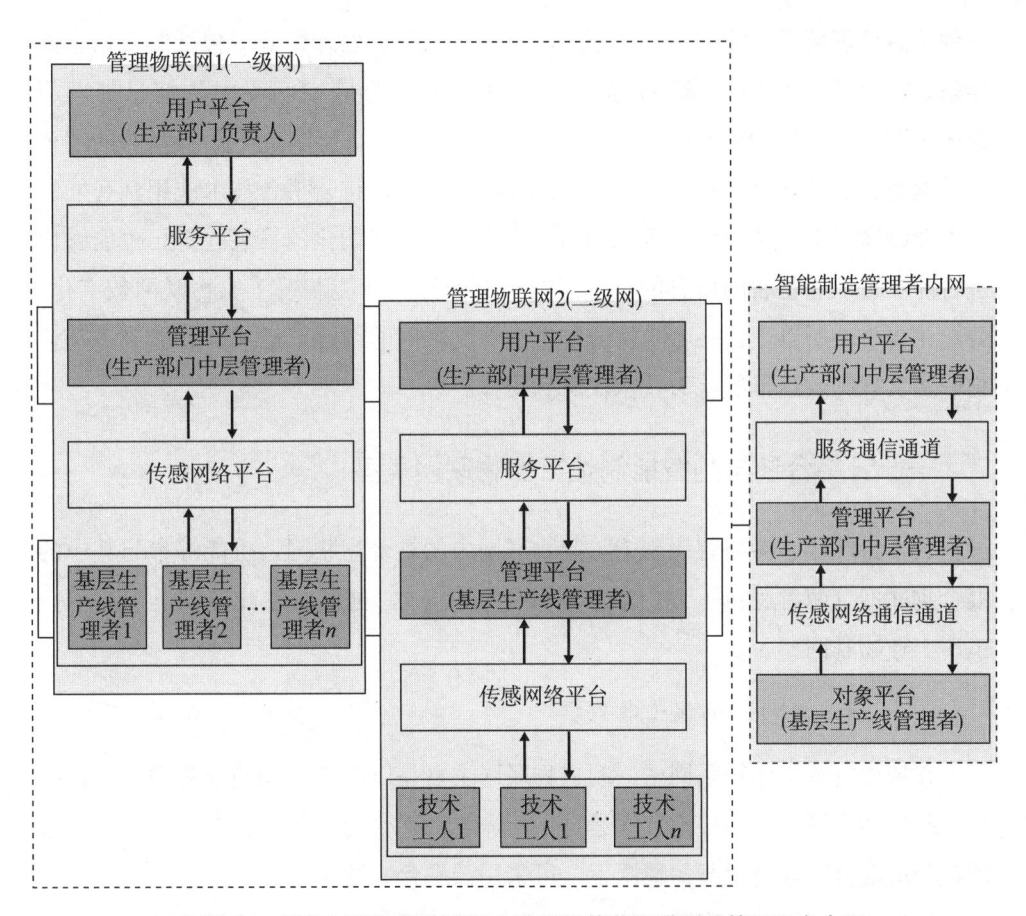

图 2-34　智能制造混合物联网中的两级管理物联网及管理平台内网

效益，并最大限度地满足用户需求。其弊端则是增加了管理层级，用户（最高管理者）、中层管理者与一线技术工人之间的沟通可能会受到影响，一线技术工人仅与基层管理者保持较为紧密的联系，可能出现上不传、下不达的情况，最终影响决策的准确性。

第四节　云平台参与的智能制造工业物联网

随着设备自动化、智能化程度的不断提高，智能制造工业物联网的传感网络平台、管理平台、服务平台均需采用多种技术对相关数据信息进行计算和处理。

云平台服务模式拥有强大的信息处理能力，在各领域已得到一定程度的应用，其技术正趋于成熟。其中，"云计算是云平台服务的核心，是云平台提供的一种信息处理模式,能够对'共享'的可配置的信息处理资源(包括服务器、操作系统、网络、存储设备等)提供无所不在的、打破空间界限的信息处理服务……"[1] 通过云平台方式提供的云计算技术优势与智能制造工业物联网的期望规模增益、资源共享的特征之间存在的较高匹配度,将云平台技术应用到智能制造工业物联网中,既顺应了智能制造高度自动化、智能化的发展趋势,也能够促进智能制造工业物联网信息的良好运行,有效提高智能制造工业物联网数字化、智能化水平。所以,云平台与智能制造工业物联网的结合,已成为智能制造工业物联网实现高效运行的有力技术保障和支撑。

一、云平台参与的智能制造工业物联网类型

云平台既能够参与智能制造工业物联网中的复合物联网,也能够参与其中的混合物联网(两者逻辑一致,本节不做详细区分),更可以在此基础上参与智慧工厂工业物联网。

(一)云平台参与的制造物联网

在智能制造工业物联网中,制造物联网主要是以设备的控制与管理为主。简单的制造物联网可以良好地独立运行,不需要云平台的参与,但在面对多台设备的控制或混合物联网运行的情况下,可采用云平台制造模式。

制造物联网中一次完整的信息运行所涉及的设备、生产线、零部件、机械动作等都是十分庞杂的,需要收集、处理及管理的信息类型繁多。为了保证制造物联网的顺利运行,云平台就需要参与进来。云平台的参与能够快速搭建信息传输通道,使设备之间的数据运行更加通畅与灵活。同时,云平台信息处理的高效与敏捷,也缩短了物联网的运行周期,节约了运行成本。

云平台参与的制造物联网的结构如图2-35所示。

(二)云平台参与的管理物联网

在智能制造工业物联网中,管理物联网聚焦于人员的参与和管理,这些人员如设备操作工、工程师、设备维护员、班组长、车间负责人以及生产运营的部长级负责人等。与制造物联网同理,简单的管理物联网可以良好地独立运行,不需

---

[1] 邵泽华. 物联网与云平台. 北京:中国人民大学出版社,2021:17.

```
┌─────────────────────────────┐
│   制造物联网用户平台         │
│   （生产部门负责人）         │
└─────────────────────────────┘
           ↕
┌─────────────────────────────┐        ╭─────────╮
│   制造物联网服务平台         │ ←→    │ 服务云平台 │
└─────────────────────────────┘        ╰─────────╯
           ↕
┌─────────────────────────────┐        ╭─────────╮
│   制造物联网管理平台         │ ←→    │ 管理云平台 │
│   （智能制造管理平台）       │        ╰─────────╯
└─────────────────────────────┘
           ↕
┌─────────────────────────────┐        ╭─────────╮
│   制造物联网传感网络平台     │ ←→    │ 传感云平台 │
└─────────────────────────────┘        ╰─────────╯
           ↕
┌─────────────────────────────┐
│   制造物联网对象平台         │
│   （感知控制平台）           │
└─────────────────────────────┘
```

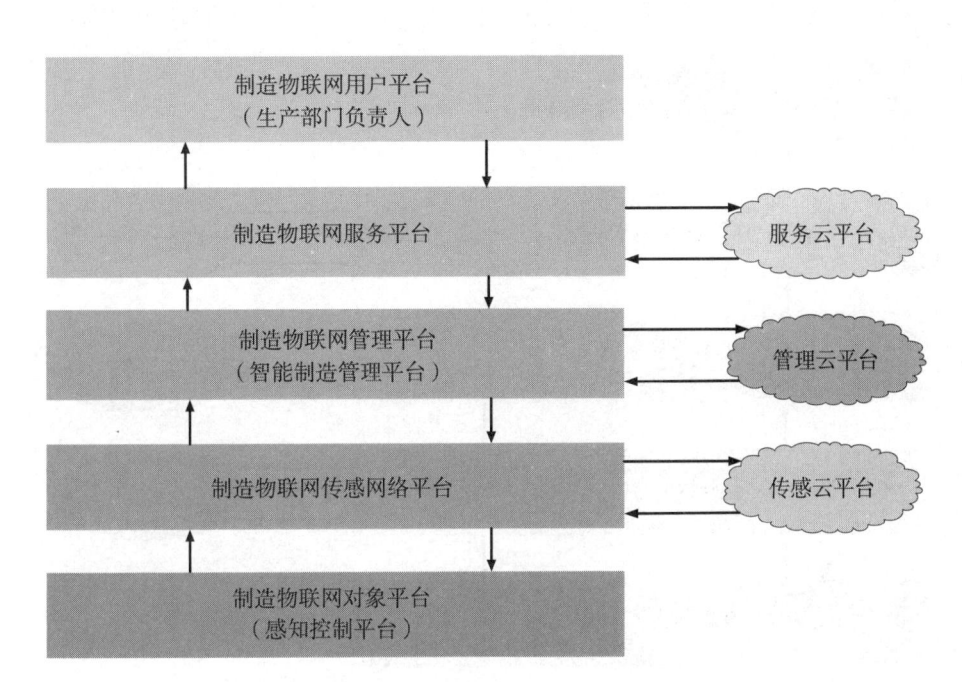

图 2-35　云平台参与的制造物联网

要云平台的参与。但当管理物联网涉及的人员较多，且所涉及的人员可能来自不同生产线、不同职位、不同专业背景时，需要短时间收集、处理及管理的信息类型繁多，数量也十分庞大，而且对处理结果的精细化程度的要求也较高。在仅凭人员传输信息无法达到管理物联网所需的高效性与准确性的标准时，便需要根据实际情况接入云平台，从而确保管理物联网的运行效率。

云平台参与的管理物联网的结构如图 2-36 所示。

二、参与智能制造工业物联网的云平台类型

一般来说，用户平台和对象平台（感知控制平台）往往不需要连接云平台。以智能制造工业物联网中的制造物联网为例，整个物联网的形成和信息运行都是为了满足用户的需求，用户可以确定为一个工业企业的生产部门负责人、分管生产运营的领导、管理团队或者部门。因此，用户平台可以是一个具体的负责人或者是一个决策团队、部门，是制造物联网中最重要的平台之一，统筹物联网的整体运行。在制造物联网中，对象平台作为服务的最终提供方，可以确认为一个或者多个、一组或者多组智能制造生产设备。对象平台是具体存在于智能制造生产

工业物联网

```
┌─────────────────────────┐
│   管理物联网用户平台    │
│   （生产部门负责人）    │
└─────────────────────────┘
          ↑↓
┌─────────────────────────┐        ┌─────────┐
│   管理物联网服务平台    │ ←→ │ 服务云平台 │
└─────────────────────────┘        └─────────┘
          ↑↓
┌─────────────────────────┐        ┌─────────┐
│   管理物联网管理平台    │ ←→ │ 管理云平台 │
│   （智能制造管理者）    │        └─────────┘
└─────────────────────────┘
          ↑↓
┌─────────────────────────┐        ┌─────────┐
│ 管理物联网传感网络平台  │ ←→ │ 传感云平台 │
└─────────────────────────┘        └─────────┘
          ↑↓
┌─────────────────────────┐
│   管理物联网对象平台    │
│     （技术工人）        │
└─────────────────────────┘
```

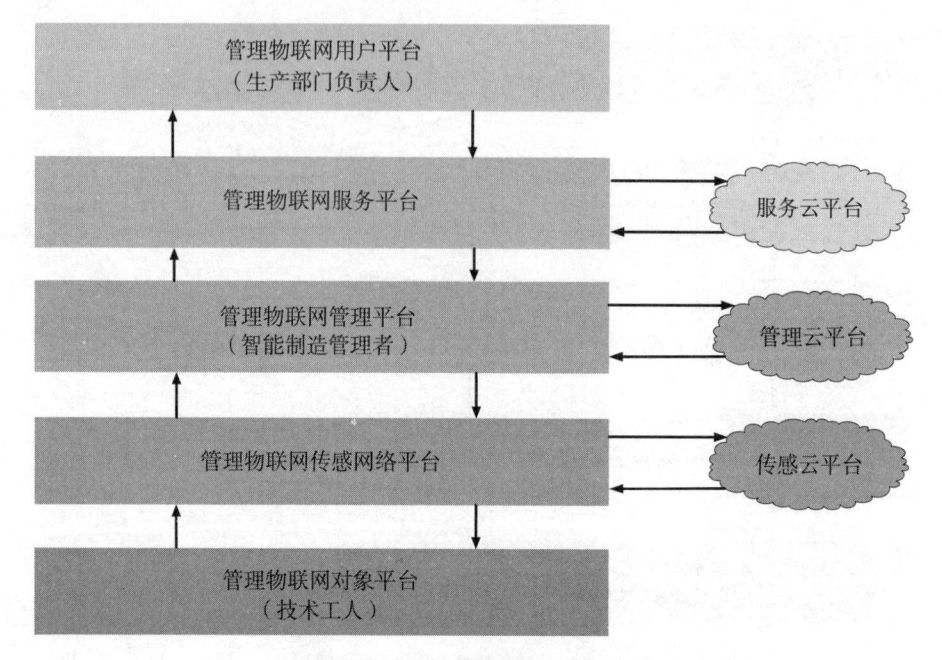

图 2-36 云平台参与的管理物联网

现场的实体，通过具体的感知模块组和控制模块组等与各种类型的制造物联网相连，也是云平台的信息来源之一。

在工业物联网功能体系的五个平台中，除用户平台和对象平台以外，传感网络平台、管理平台以及服务平台这三个平台，都包含大量的数据传输、存储、处理、认证、加密等信息处理工作。这三个平台将经过计算和处理的信息，通过感知信息和控制信息的形式，在用户平台和对象平台之间形成闭环传输。这些平台处理信息的能力决定着整个制造物联网运行的效果。当智能制造规模化、智能化、自动化程度不断提高，用户需要更多、更优质的智能制造服务时，制造物联网的信息运行荷载可能会超过传感网络平台、管理平台、服务平台这三个平台自身的运行能力。为了保证制造物联网的良好运行，这三个平台都可以根据实际情况接入云平台，扩展自身的信息处理能力。云平台可细分为传感云平台、管理云平台和服务云平台。

（一）传感云平台

传感云平台是替代或者扩展传感网络平台功能的一类云平台，在感知控制平台和管理平台之间实现传感通信。

以制造物联网为例，对象平台上包含若干自动化生产设备、零部件生产线与全自动组装生产线等，这就涉及多个感知控制点位，从而有众多的感知传感信息需要从对象平台传输到管理平台进行处理。同时，通过用户平台、管理平台等发出的对每个设备、每处动作的控制信息也较为复杂，传感网络平台自身的信息处理能力往往无法满足庞大繁复的信息计算需求。

因此，需要将传感网络平台接入传感云平台进行云计算，通过授权将从感知控制平台接收到的信息传入传感云平台，进行包括感知控制平台收集和理解自身及外部的信息、在生产过程中补充资料库以及更新资料库等云计算工作。传感云平台处理过的信息，再通过授权允许的方式传回到制造物联网的传感网络平台。在传感云平台的参与和帮助下，制造物联网可以更加顺利地完成物联网的运行，并实现传感云平台的相应功能。

（二）管理云平台

管理云平台是替代或者扩展管理平台功能的一类云平台。

以制造物联网为例，管理平台是居于物联网核心的平台，需要在用户授权下，对制造物联网整体的运行状况进行把控，参与其中的信息处理、运算并发出控制指令，是决定整个制造物联网能否成功运行、高效运转的重要功能平台。同时管理平台的构成也比较复杂，根据不同的实际情况，可以由管理者及管理系统组成，管理者又可以由工程师、基层管理者、车间主任、产线管理者等组成，而管理系统可由多种应用于不同场景的系统组成。

工业物联网的五个平台中，管理平台对信息处理和计算的精确度要求最高，所以将管理平台接入云平台，有助于实现管理云平台对制造物联网的管理协调。管理云平台能实现大量信息的汇集、统筹、管理工作，进而完成对感知管理信息和控制管理信息的有效管理和计算。

（三）服务云平台

服务云平台是替代或者扩展服务平台功能的一类云平台。

以制造物联网为例，服务平台是连接用户平台和管理平台的服务通信通道。作为用户平台的生产部门或生产部门的负责人，主导整个物联网的组建和运行。服务平台需要拥有收集、分析、处理和传输大量信息的能力，并且要能够提炼和掌握其中正确、有效的信息并将其传输给管理平台，以便于管理平台做出正确的决策后将控制信息下达至其他平台。

制造物联网的服务平台接入云平台，就可以用服务云平台的方式实现服务通信，并实现对感知服务信息和控制服务信息的管理和计算。服务云平台可以在用户平台和管理平台之间准确合理地传输感知信息和控制信息，如清楚地掌握产销流程、合理地安排生产计划与把控生产进度等工作，以便于生产部门负责人更好地掌握生产制造全局，做出更有利于提升智能制造水平和企业发展的决策，使制造物联网的整体运转更加通畅。

三、云平台参与智能制造工业物联网的结构和方式

云平台参与的智能制造工业物联网并非标准化生产模式，企业可以根据自身情况，以满足企业实际需求为目的来定制云平台的功能和服务。参与智能制造工业物联网的云平台分为三种：传感云平台、管理云平台、服务云平台。根据实际应用需求，三种云平台参与的物联网分别为单云平台参与、两云平台参与和三云平台参与这三类形式。以下以制造物联网为例——进行阐释。

（一）单云平台参与的智能制造工业物联网

单云平台参与的智能制造工业物联网可分为三种：传感云平台参与的智能制造工业物联网、管理云平台参与的智能制造工业物联网和服务云平台参与的智能制造工业物联网。不同云平台参与的智能制造工业物联网表现出不同的功能，但参与物联网的信息运行闭环原理是相通的。从运行方式来说，共有九种信息运行闭环，以下详细分析每种结构下不同的信息运行闭环。

1. 传感云平台参与的智能制造工业物联网

智能制造工业物联网的传感网络平台是用于物联网信息传输的功能平台，肩负着对象平台感知信息上传、管理平台控制信息下发的重要职能。以制造物联网为例，其传感网络平台将对象平台（感知控制平台）的各种智能设备（例如焊接、搬运、码垛等智能工业机器人、机械臂、智能吊挂系统等）的感知信息准确无误地依次传输到制造物联网中的管理平台。对此，一个典型的相关案例就是智能设备向生产部门管理平台反馈生产信息，协助管理平台随时调整生产管理策略，促进生产高效、顺利地开展。

为了实现智能制造工业物联网的高效运行，传感网络平台需要连接物联网外的云计算资源——传感云平台，传感云平台有助于提升传感网络平台内部信息处

理的效率，减轻管理平台和服务平台的信息处理压力。在管理平台和服务平台可依靠自身运行参与物联网运行时，接入传感云平台即可满足整个智能制造工业物联网对于信息传输和计算的要求，此时形成了单云平台——传感云平台参与的智能制造工业物联网。

其中，传感云平台参与的智能制造工业物联网分别有四种信息运行闭环：(1) 传感网络平台（传感云平台）控制的物联网信息运行闭环；(2) 管理平台控制的物联网信息运行闭环；(3) 服务平台控制的物联网信息运行闭环；(4) 用户平台控制的物联网信息运行闭环。

(1) 传感网络平台控制的智能制造工业物联网的信息运行闭环。当用户直接授权传感云平台（传感网络平台）时，该智能制造工业物联网对象平台与传感网络平台（传感云平台）之间即形成物联网信息运行闭环。其信息运行如图2-37所示。

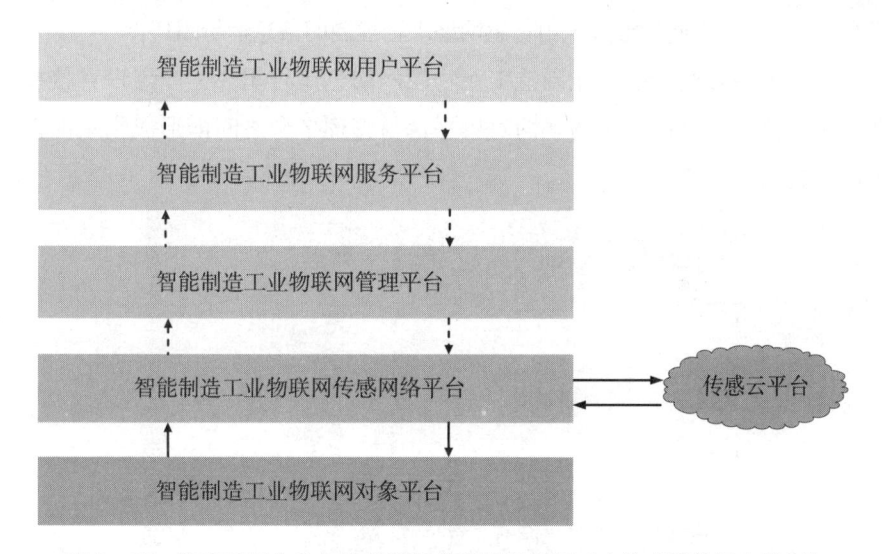

图2-37 传感云平台参与的物联网信息运行闭环（由传感网络平台控制）

当传感云平台接入制造物联网时，处于对象平台（感知控制平台）的机器设备、智能生产线、自动检验设备等感知控制物理实体，通过对象平台上的感知模组与数据的采集处理，将数量庞大的感知信息传入传感网络平台，如每台设备的运行状态、设备上每个重要零部件的状态、料位的状态、原料数量、制造成品的状态和数量等。面对设备繁多且状态复杂的情况，原始的人工作业几乎无法对数量如此巨大的数据进行收集整理，而大部分公司的计算机处理能力、服务器规模等也难以达到使智能制造工业物联网顺利运转的要求，所以需要将感知信息传入传感云平台进行分析处理。公司自身建立或委托第三方建立的传感云平台，根据公司智能制造的实际情况，以云服务形式向公司提供所需要的云计算资源。

当信息到达传感云平台进行处理时，分为网外计算和网内计算两种情况。1）网外计算。感知控制平台的感知信息传入传感网络平台，传感网络平台对信息量大小进行判断，在信息量较大且自身无法处理的情况下将其传入传感云平台进行分析处理，信息处理完成后，由传感云平台将信息传回传感网络平台，经过授权的传感网络平台根据传感云平台的计算结果，生成控制信息，再传回感知控制平台，将指令发送到每一台智能生产设备上，及时处理需要整改的问题，或发出相应的警报和指示。同时处于管理物联网中的设备工程师也可以通过警报和指示获得信息，对人员与设备进行管理。2）网内计算。感知控制平台的感知信息直接传入经授权的传感云平台进行计算分析，计算结果生成相应的控制信息再传回感知控制平台，作用于各智能生产设备。由此便形成了由传感网络平台控制的信息运行闭环。

（2）管理平台控制的智能制造工业物联网信息运行闭环。当用户直接授权管理平台时，该智能制造工业物联网对象平台与管理平台之间即形成物联网信息运行闭环（见图2-38）。

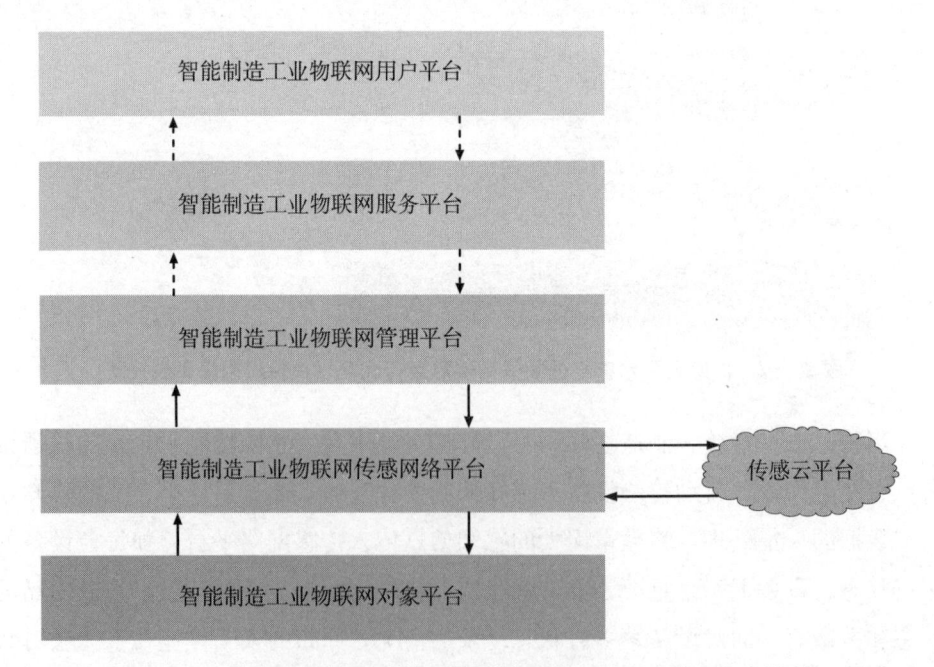

图2-38 传感云平台参与的物联网信息运行闭环（由管理平台控制）

以下分别介绍网外计算和网内计算两种情形下的信息运行闭环。对象平台（感知控制平台）上各个生产设备、机器人、AGV小车（自动导向车）等在生产运行中形成的感知信息从感知控制平台传到传感网络平台，在信息量较大且自身无法处理的情况下传入传感云平台，让传感云平台分析处理信息。处理后的感知信息传回传感网络平台，再传到管理平台，管理平台对感知信息进行解析、存储等计算处理。处理完成后，管理平台将控制信息传输至传感网络平台，在传感网络平台判断不需要接入传感云平台进行计算的情况下（否则将信息先传输至传感云平台）控制信息直接由传感网络平台进行收集、处理，再由传感网络平台传回对象平台，完成信息运行闭环，这是网外计算的情形。网内计算的情形是，感知控制平台生成的感知信息直接传输给经过授权的传感云平台进行处理，再由被授权的传感云平台直接将处理好的信息传输给管理平台，管理平台对感知信息进行解析、存储等计算处理，信息处理完成后，管理平台将控制信息传输给授权后的传感云平台，最后传回感知控制平台，完成信息运行闭环。

（3）服务平台控制的智能制造工业物联网信息运行闭环。当用户直接授权服务平台时，智能制造工业物联网对象平台与服务平台之间即形成物联网信息运行闭环（见图 2-39）。

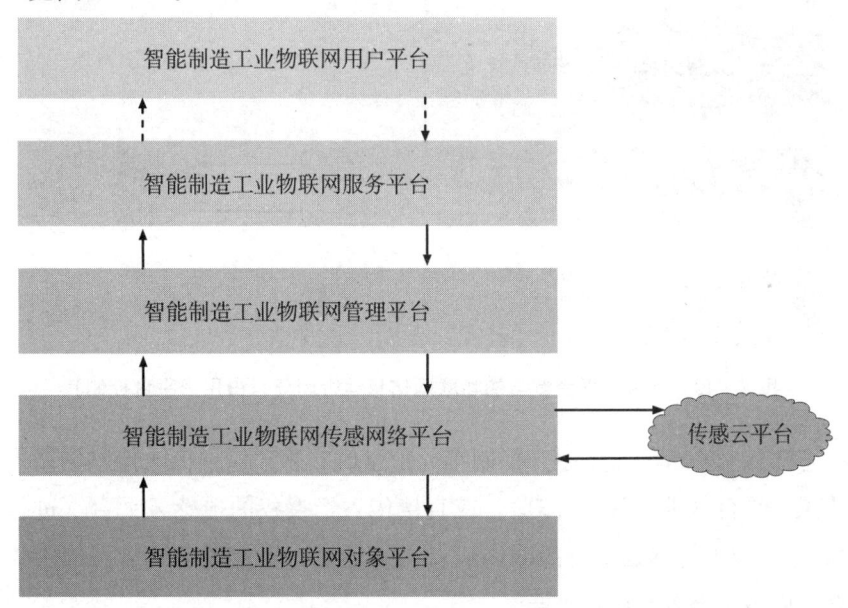

图 2-39　传感云平台参与的物联网信息运行闭环（由服务平台控制）

当智能制造工业物联网用户直接授权服务平台时，对象平台的若干感知控制单元把接收到的感知信息直接传入被授权的传感云平台（进行网内计算），或经传感网络平台处理、判断后接入传感云平台（进行网外计算），处理后的数据依次传入管理平台、服务平台。

服务平台在授权范围内，根据感知信息内容生成控制信息，再发送至管理平台，管理平台将接收到的控制信息进行分析处理后直接传入传感云平台（进行网内计算），或经传感网络平台接入传感云平台（进行网外计算），最后传输至感知控制平台，由此形成完整的信息运行闭环。

（4）用户平台控制的智能制造工业物联网信息运行闭环。在智能制造工业物联网用户平台控制的物联网信息大闭环运行中，由用户平台直接生成控制信息并实施控制（见图2-40）。

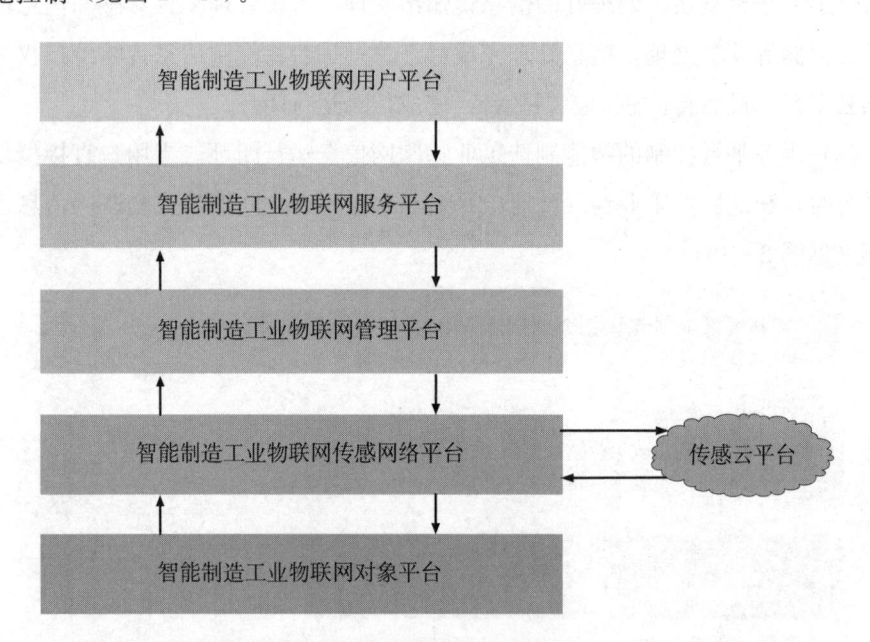

图2-40 传感云平台参与的物联网信息运行闭环（由用户平台控制）

由感知控制平台的若干感知控制单元把生成的感知信息传入传感网络平台再接入传感云平台（进行网外计算），或直接传入经授权的传感云平台（进行网内计算），经过以上传感云平台的网内或者网外计算，将处理后的数据依次传入管理平台、服务平台以及用户平台。

用户平台接收到感知信息后，进行分析决策，生成控制信息，再依次发送给服务平台、管理平台，接着传输给传感网络平台后接入传感云平台，或直接传入经授权的传感云平台，经过以上传感云平台进行网外计算或网内计算后，再将控制信息传输给感知控制平台，由此形成由用户平台直接控制的信息运行大闭环。

2. 管理云平台参与的智能制造工业物联网

智能制造工业物联网的管理平台是作为整个物联网信息运行的管理者而存在的，推动着物联网信息的有效、有序运行。以制造物联网为例，管理系统对生产计划制定、生产进度监控、生产数据统计和分析等方面进行智能化管理，可以提高企业的生产效率和质量；对生产设备实时监控、维护管理、保养计划等方面的数据进行分析和优化，可以提高企业设备的利用率和生产效率；对生产质量监控、质量问题分析和处理、质量数据统计和分析等方面进行智能化管理，可以提高企业产品的质量和企业竞争力。

在大型的智能生产线上，管理平台所涉及的数据和设备管理十分庞杂，为了实现智能制造工业物联网的高效运作，管理平台需要连接该物联网外的云计算资源——管理云平台。管理云平台参与的智能制造工业物联网有三种信息运行方式：(1) 管理平台控制的物联网信息运行闭环；(2) 服务平台控制的物联网信息运行闭环；(3) 用户平台控制的物联网信息运行闭环。

(1) 管理平台控制的智能制造工业物联网信息运行闭环。当智能制造工业物联网的用户直接授权管理平台时，管理云平台参与的物联网信息运行闭环如图 2-41 所示。

在智能制造工业物联网用户授权给管理平台时，管理平台控制的信息运行情况如下：对象平台（感知控制平台）将从信息源处获得的感知信息传到传感网络平台，再从传感网络平台传到管理平台。此时，管理环节存在两种情况：第一种是管理云平台的网外计算，即在感知信息传到管理平台时，管理平台对所接收的感知信息进行判断，当自身无法处理时，则接入管理云平台进行计算处理，这是管理云平台的网外计算；第二种是管理云平台的网内计算，即管理云平台获得授权，传感网络平台的信息可以直接传入管理云平台进行处理。经过以上管理平台/管理云平台的分析处理和决策后，再将生产或管理的控制信息经由传感网络平台传达至对象平台（感知控制平台），完成信息运行的闭环。

(2) 服务平台控制的智能制造工业物联网信息运行闭环。当智能制造工业物联网的用户直接授权服务平台时，管理云平台参与的信息运行闭环如图 2-42 所示。

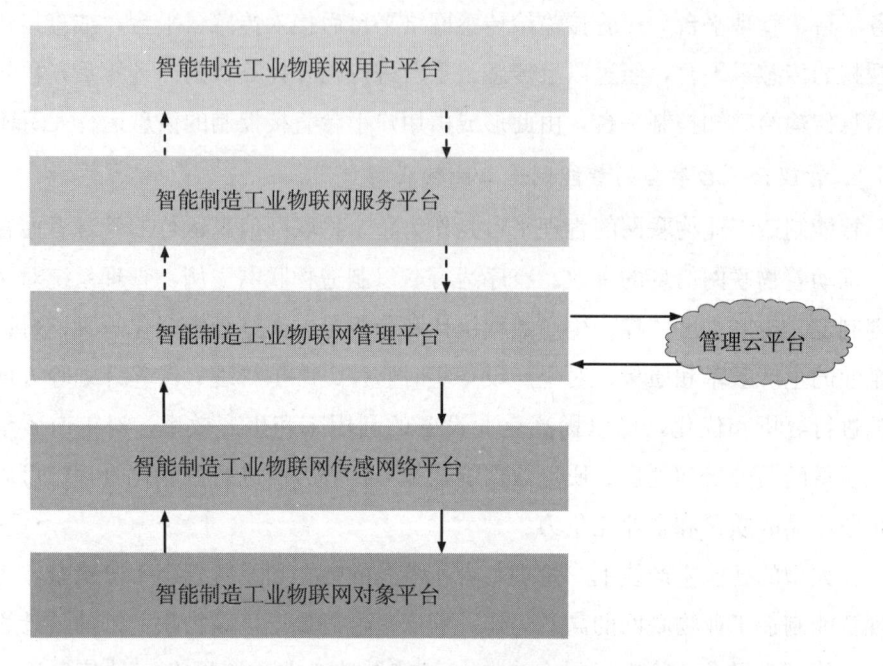

图2-41 管理云平台参与的物联网信息运行闭环（由管理平台控制）

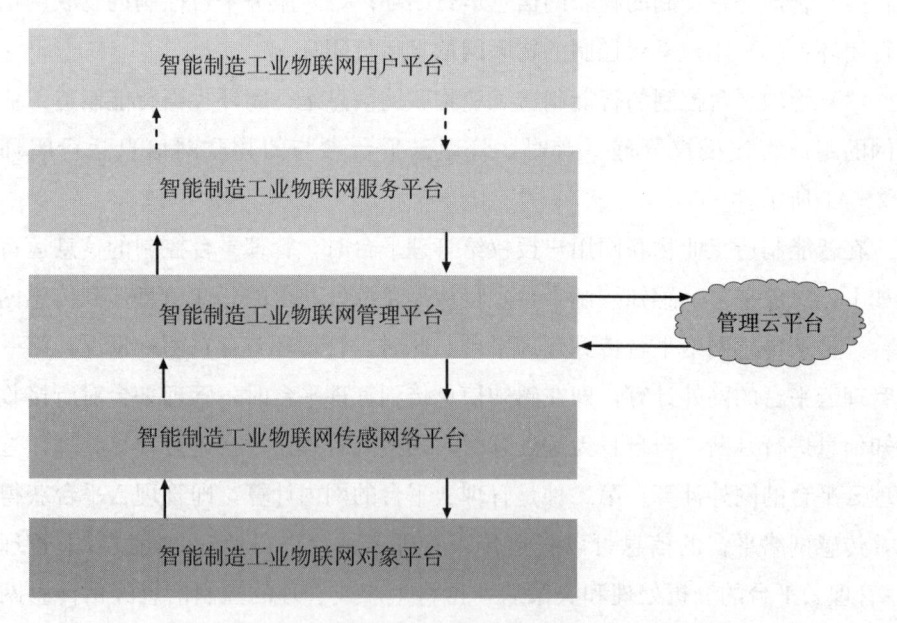

图2-42 管理云平台参与的物联网信息运行闭环（由服务平台控制）

在智能制造工业物联网用户授权给服务平台时，服务平台控制的信息运行情况如下：对象平台（感知控制平台）的感知信息经由传感网络平台到达管理平台（或经过授权的管理云平台），经过网内或网外的云计算处理后传到服务平台，此时服务平台在授权范围内做出分析处理和决策，并生成控制信息依次传到管理平台（或经过授权的管理云平台）、传感网络平台、感知控制平台，完成信息运行的闭环。

（3）用户平台控制的智能制造工业物联网信息运行闭环。在智能制造工业物联网用户平台控制的信息大闭环运行中，由用户平台直接生成控制信息并实施控制（见图2-43）。

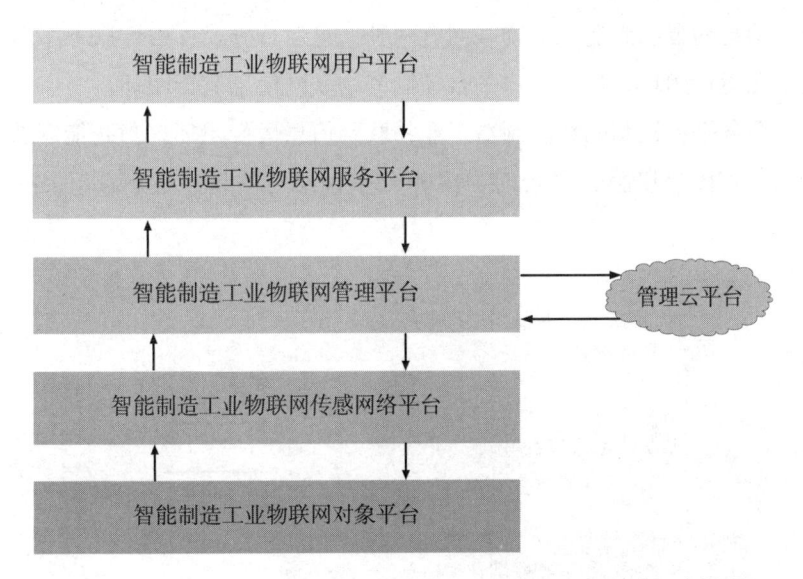

图2-43 管理云平台参与的物联网信息运行闭环（由用户平台控制）

用户平台控制的物联网信息运行情况如下：对象平台（感知控制平台）的感知信息经由传感网络平台到达管理平台（或经过授权的管理云平台），经过网内或网外的云计算处理后，依次传到服务平台和用户平台。在制造物联网中，用户平台为生产部门负责人团队，其控制信息一般涉及生产运营整体规划的事项，如公司的生产计划、重大设备、质量管理、环境管理等。感知信息经过用户平台决策处理后，转换并生成控制信息，如问题的解决方案、计划的制定方案等。控制信息依次经过服务平台、管理平台（或经过授权的管理云平台）、传感网络平台传达到对象平台（感知控制平台），形成完整的物联网信息大闭环运行。

3. 服务云平台参与的智能制造工业物联网

智能制造工业物联网的服务平台是用户平台对外联系和最终获取服务的必要功能平台，其在充分理解用户指令的前提下，实现物联网信息的有效传输。

服务平台肩负着传递控制信息和反馈感知信息这两项传输任务。在传输过程中，服务平台需要快速准确地把握主要信息，使用户能简单清晰地了解到物联网的整体运行情况。同时也要提炼用户信息，抓住主要需求，将控制信息传递至下一平台。面对信息量巨大的智能生产、管理工作时，为了实现智能制造工业物联网的高效运作，服务平台需要连接该物联网外的云计算资源——服务云平台。服务云平台参与的智能制造工业物联网有两种信息运行方式：（1）服务平台控制的物联网信息运行闭环；（2）用户平台控制的物联网信息运行闭环。

（1）服务平台控制的智能制造工业物联网信息运行闭环。当智能制造工业物联网的用户直接授权服务平台时，服务云平台参与的信息运行闭环如图 2-44 所示。

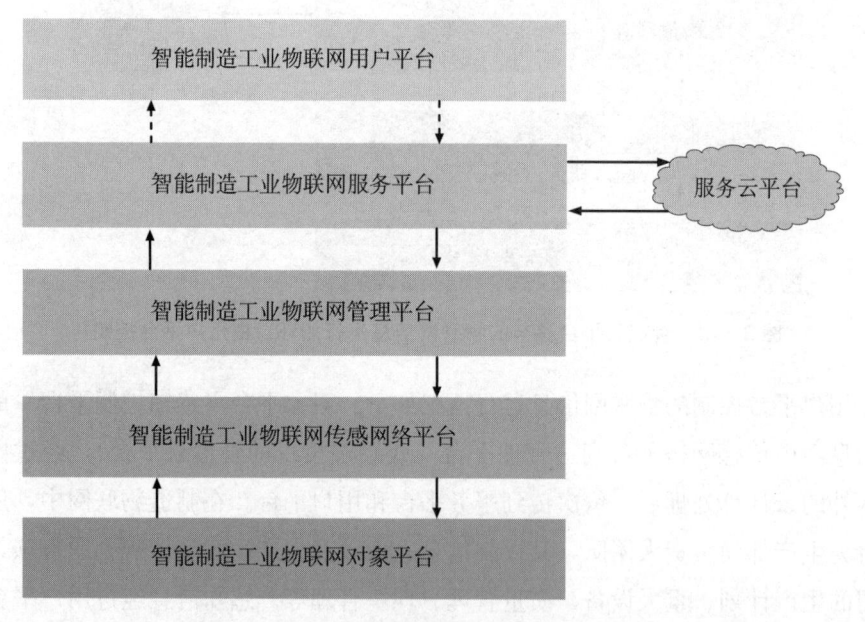

图 2-44 服务云平台参与的物联网信息运行闭环（由服务平台控制）

在智能制造工业物联网用户授权给服务平台时，服务平台控制的信息运行情况如下。感知信息从对象平台（感知控制平台）开始向上运行，依次经过传感网络平台、管理平台到达服务平台/服务云平台，此时有两种情形：一是网外计算，服务平台判断接收到的感知信息已超出自身平台处理数据的极限,将此信息传到接入的服务云平台进行处理;二是网内计算,服务云平台已经事先得到授权,由管理平台传入的感知信息可以直接传到服务云平台进行处理。经过服务平台(或经过授权的服务云平台)分析、处理后,控制信息依次向下传输给管理平台、传感网络平台直到对象平台(感知控制平台),完成信息运行的闭环。

(2)用户平台控制的智能制造工业物联网信息运行闭环。在智能制造工业物联网用户平台控制的信息大闭环运行中,由用户平台直接生成控制信息并实施控制(见图2-45)。

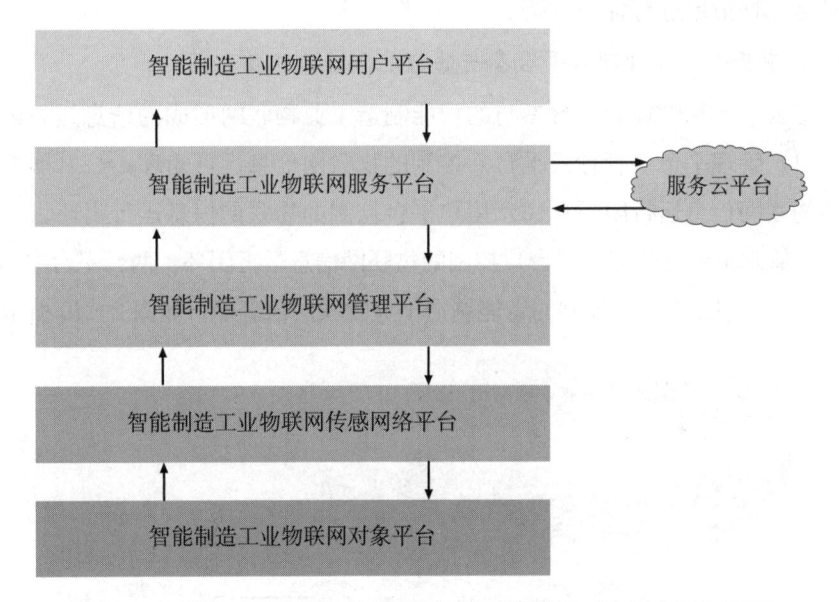

图2-45 服务云平台参与的物联网信息运行闭环(由用户平台控制)

用户平台控制的物联网信息运行情况如下:对象平台(感知控制平台)将从信息源处获得的感知信息依次向上传递,经过传感网络平台、管理平台、服务平台(或经过授权的服务云平台)到达用户平台。在制造物联网中,作为用户平台的生产部门负责人团队接收到感知信息,此时的信息可能既包括设备实时监控得到的状态数据、质量检测等内容,同时也包括经过管理平台进行多项数据分析、整合得到的趋势和预警等分析报告。生产部门负责人团队需要根据所接收的感知信息做出决策,生成并向下传递控制信息,依次经过服务平台(或经过授权的服务云平台)、管理平台、传感网络平台和感知控制平台,进而形成完整的物联网信息运行大闭环。

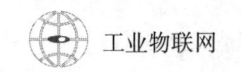

（二）两云平台参与的智能制造工业物联网

在实际应用中，智能制造工业物联网的信息运行情况是十分复杂的，物联网的有效运行在很多情况下无法仅仅通过接入某单一云平台来实现，而是需要通过多个云平台的参与来实现。

两云平台参与的智能制造工业物联网可以分为三种情形：（1）传感云平台和管理云平台参与的智能制造工业物联网；（2）传感云平台和服务云平台参与的智能制造工业物联网；（3）管理云平台和服务云平台参与的智能制造工业物联网。下面对这三种情形进行详细分析。

1. 传感云平台和管理云平台参与的智能制造工业物联网

传感云平台和管理云平台参与的智能制造工业物联网形成的信息运行闭环有三种：（1）管理平台（管理云平台）控制的物联网信息运行闭环；（2）服务平台控制的物联网信息运行闭环；（3）用户平台控制的物联网信息运行闭环。

（1）管理平台（管理云平台）控制的物联网信息运行闭环。两云平台参与的由管理平台（管理云平台）控制的智能制造工业物联网信息运行如图2-46所示。

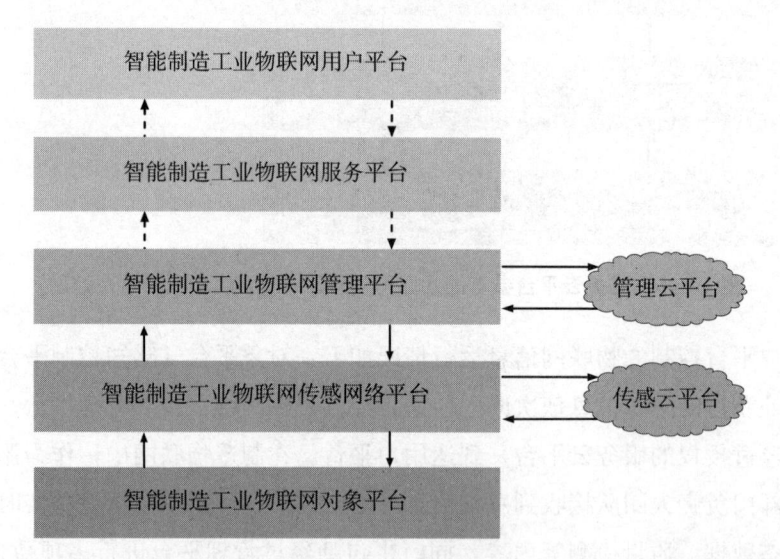

图2-46 传感云平台和管理云平台参与的物联网信息运行闭环（由管理平台控制）

在智能制造工业物联网用户授权给管理平台（管理云平台）时，管理平台（管理云平台）控制的物联网信息运行情况如下：对象平台的感知控制单元将获取的感知信息向上传到传感网络平台（或经过授权的传感云平台），再传给智能制造管理平台（或经过授权的管理云平台）。以管理物联网为例，通过接入云平台，管理平台上管理者的工作难度和强度得以降低，管理者可以更好地在管理层上通过整合数据来分析趋势和形成对策，保证物联网的高效运行。管理者生成控制信息，再往回依次传到智能制造管理平台（或经过授权的管理云平台）、传感网络平台（或经过授权的传感云平台）和对象平台，完成信息运行的闭环。

（2）服务平台控制的物联网信息运行闭环。两云平台参与的服务平台控制的智能制造工业物联网信息运行如图 2-47 所示。

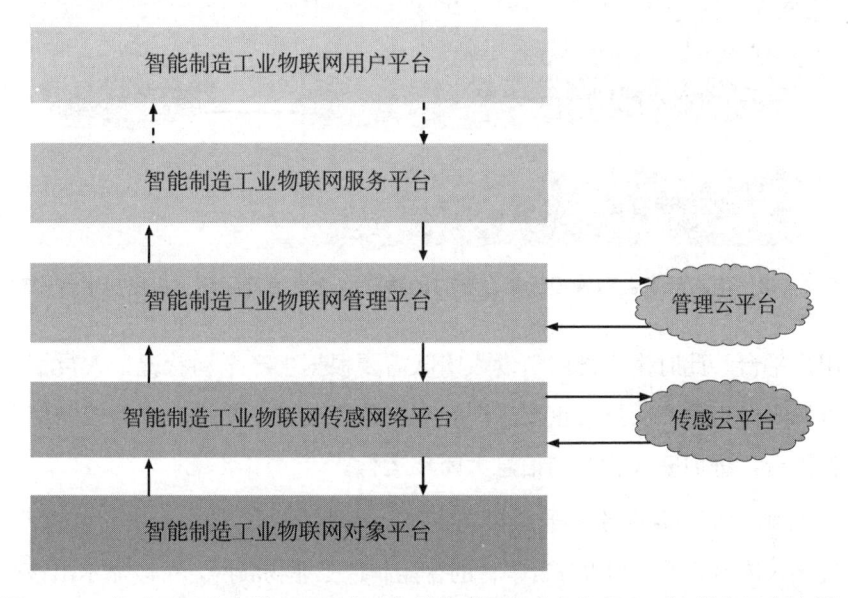

图 2-47 传感云平台和管理云平台参与的物联网信息运行闭环（由服务平台控制）

在智能制造工业物联网用户授权给服务平台时，服务平台控制的物联网信息运行情况如下：对象平台（感知控制平台）的感知控制单元将感知信息经由传感网络平台（或经过授权的传感云平台）、智能制造管理平台（或经过授权的管理云平台），上传到服务平台。服务平台在授权范围内自行做出决策，然后将控制信息依次经过各平台传回对象平台（感知控制平台），完成信息运行的闭环。

（3）用户平台控制的物联网信息运行闭环。两云平台参与的用户平台控制的智能制造工业物联网信息运行如图 2-48 所示。

用户平台控制的物联网信息运行情况如下：在制造物联网中，用户平台为生产部门负责人团队，对象平台的感知控制单元将感知信息依次经传感网络平台（或经过授权的传感云平台）、管理平台（或经过授权的管理云平台）、服务平台

```
┌─────────────────────────────────┐
│     智能制造工业物联网用户平台      │
└─────────────────────────────────┘
                ↕
┌─────────────────────────────────┐
│     智能制造工业物联网服务平台      │
└─────────────────────────────────┘
                ↕
┌─────────────────────────────────┐         ┌─────────┐
│     智能制造工业物联网管理平台      │ ←──→   │ 管理云平台 │
└─────────────────────────────────┘         └─────────┘
                ↕
┌─────────────────────────────────┐         ┌─────────┐
│   智能制造工业物联网传感网络平台    │ ←──→   │ 传感云平台 │
└─────────────────────────────────┘         └─────────┘
                ↕
┌─────────────────────────────────┐
│     智能制造工业物联网对象平台      │
└─────────────────────────────────┘
```

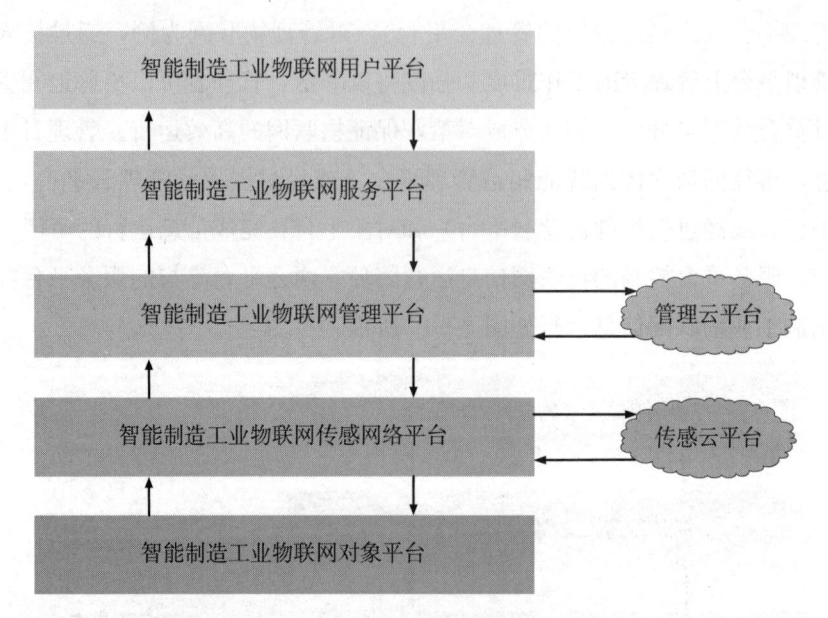

图 2-48　传感云平台和管理云平台参与的物联网信息运行闭环（由用户平台控制）

传到用户平台。此时生产部门负责人团队需要根据生产全局状况、人员情况以及设备资源等做出生产安排、重要生产计划调整等决策，并将生成的控制信息依次传回各平台，进而完成物联网信息大闭环运行。

2. 传感云平台和服务云平台参与的智能制造工业物联网

仅接入传感云平台和服务云平台的智能制造工业物联网，可以显示出该企业自身的管理平台较为强大，其管理平台可能集合了多种管理系统，能够与上下两个云平台进行对接。在制造物联网中，管理平台可能集成的管理系统包括但不限于业务协同管理系统（POA）、制造执行管理系统（MES）、实时数据采集系统（SCADA）、工艺管理系统（CAPP）、仓储管理系统（WMS）、客户关系管理系统（CRM）等。

传感云平台和服务云平台参与的智能制造工业物联网形成的信息运行闭环有两类：（1）服务平台（服务云平台）控制的物联网信息运行闭环；（2）用户平台控制的物联网信息运行闭环。

（1）服务平台（服务云平台）控制的物联网信息运行闭环。两云平台参与的服务平台（服务云平台）控制的智能制造工业物联网信息运行如图 2-49 所示。

在智能制造工业物联网用户授权给服务平台（服务云平台）时，服务平台控制的信息运行情况如下：感知信息从对象平台（感知控制平台）向上传到传感网

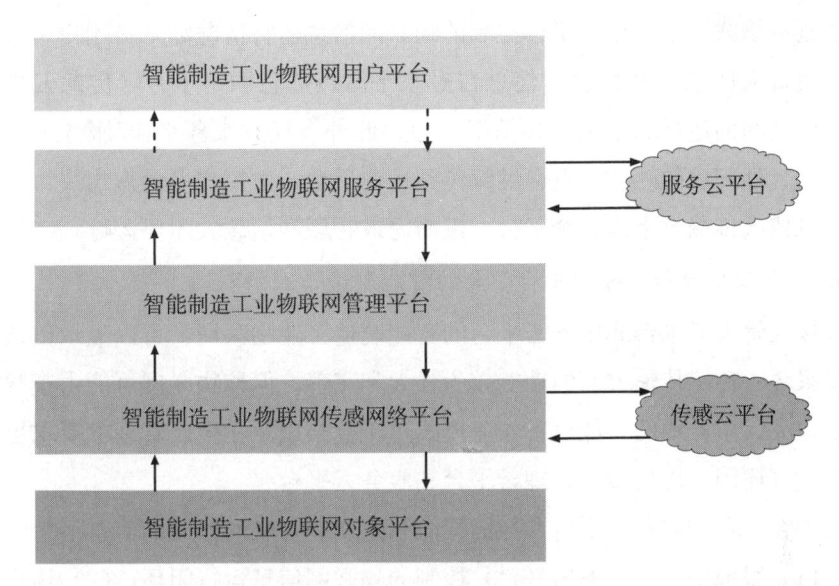

图 2-49 传感云平台和服务云平台参与的物联网信息运行闭环（由服务平台控制）

络平台（或经过授权的传感云平台），再传到管理平台进行处理分析，接着继续传入服务平台（或经过授权的服务云平台），并由服务平台/服务云平台发出控制信息依次传回各平台，完成信息运行的闭环。

（2）用户平台控制的物联网信息运行闭环。传感云平台和服务云平台参与的用户平台控制的智能制造工业物联网信息运行如图 2-50 所示。

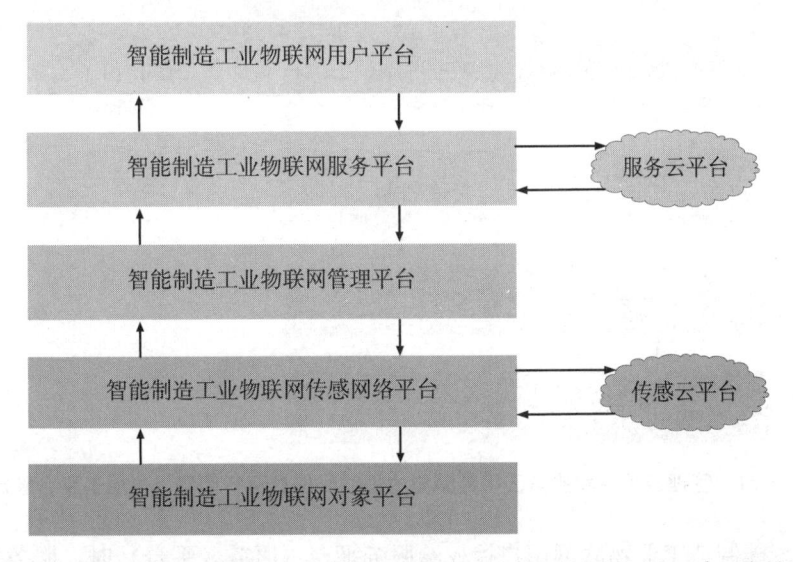

图 2-50 传感云平台和服务云平台参与的物联网信息运行闭环（由用户平台控制）

在制造物联网中，用户平台控制的物联网信息运行情况如下：用户平台为生产部门负责人团队，其控制的信息在对象平台、传感网络平台（传感云平台）、管理平台之间的运行和上文所述情况一致。此外，经过服务平台/服务云平台存储、传输、处理后的感知信息会继续传到用户平台，由用户平台做出决策，并将控制信息依次传输至下面各个平台，进而完成物联网信息大闭环运行。

3. 管理云平台和服务云平台参与的智能制造工业物联网

仅接入管理云平台和服务云平台的智能制造工业物联网，可以显示出该企业的信息采集、传感传输方面的功能较为强大和完善。但该物联网可能由于智能设备数量较大、生产线的智能设备作业模式过于复杂以及在生产管理上要求更加精细和高效等原因，需要接入管理云平台和服务云平台。

管理云平台和服务云平台参与的智能制造工业物联网形成的信息运行闭环有两类：(1) 服务平台（服务云平台）控制的物联网信息运行闭环；(2) 用户平台控制的物联网信息运行闭环。

(1) 服务平台（服务云平台）控制的物联网信息运行闭环。管理云平台和服务云平台参与的服务平台（服务云平台）控制的智能制造工业物联网信息运行如图 2-51 所示。

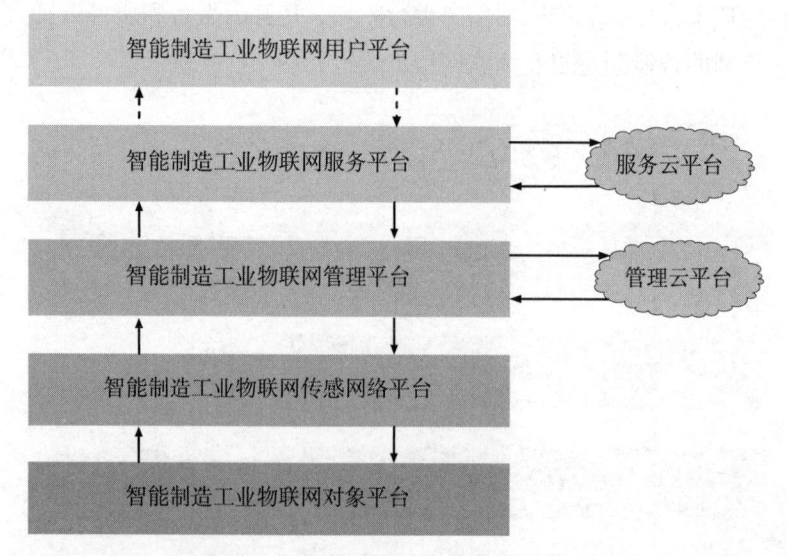

图 2-51 管理云平台和服务云平台参与的物联网信息运行闭环（由服务平台控制）

在智能制造工业物联网用户授权给服务平台（服务云平台）时，服务平台控制的信息运行情况如下：感知信息从对象平台（感知控制平台）向上传到传感网络平台，再传到管理平台（或者经过授权的管理云平台）进行处理分析后，继续传入服务平台（或经过授权的服务云平台）。服务平台/服务云平台在授权范围内做出决策，生成控制信息，再依次传回各平台，完成信息运行的闭环。

（2）用户平台控制的物联网信息运行闭环。管理云平台和服务云平台参与的用户平台控制的智能制造工业物联网信息运行如图 2-52 所示。

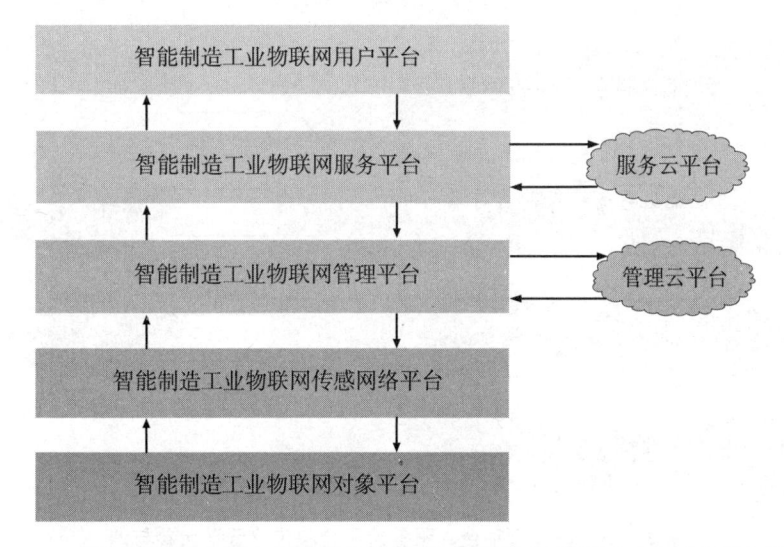

图 2-52 管理云平台和服务云平台参与的物联网信息运行闭环（由用户平台控制）

用户平台控制的智能制造工业物联网信息运行情况如下：感知信息经由对象平台（感知控制平台）向上传到传感网络平台、管理平台（或经过授权的管理云平台）和服务平台（或经过授权的服务云平台），继续传入用户平台。用户平台做出决策，生成控制信息，再依次传输至下面各平台，进而完成物联网信息大闭环运行。

（三）三云平台参与的智能制造工业物联网

三云平台参与的智能制造工业物联网，是指三个云平台同时接入企业智能制造工业物联网中对应的三个功能平台：传感网络平台与传感云平台连接，管理平台与管理云平台连接，以及服务平台与服务云平台连接。

三云平台参与的智能制造工业物联网形成的信息运行闭环有两类：（1）服务平台（服务云平台）控制的物联网信息运行闭环；（2）用户平台控制的物联网信

息运行闭环。

（1）服务平台（服务云平台）控制的物联网信息运行闭环。服务云平台、管理云平台和传感云平台参与的服务平台（服务云平台）控制的智能制造工业物联网信息运行如图2-53所示。

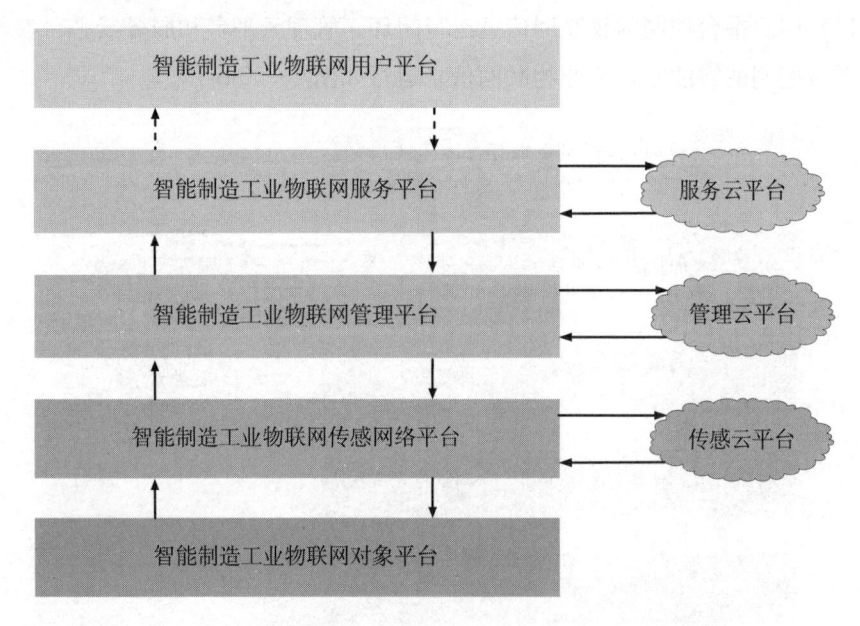

图2-53　管理云平台、服务云平台和传感云平台参与的
物联网信息运行闭环（由服务平台控制）

在制造物联网中，用户授权给服务平台（服务云平台）时，服务平台（服务云平台）控制的信息运行情况如下：在大型智能制造生产线上，当注塑机/冲床/装配线上的传感设备把监控到的设备情况、生产状态等，以感知信息的方式传到传感网络平台（或经过授权的传感云平台）上时，平台需要对这些庞大而复杂的数据进行分类传感通信；经过处理后的感知信息又继续向上传到管理平台（或经过授权的管理云平台）上，管理平台（管理云平台）配备的许多功能不同、侧重点不同的管理软件对数据进行集中管理；经过管理平台（管理云平台）处理后的感知信息继续传输到服务平台（或经过授权的服务云平台）上，服务平台（服务云平台）在授权范围内处理感知信息并生成控制信息，该控制信息可包含对生产进度、生产时长、设备运行、质量、环保等情况的处理方案，再按照原路径依次传输到对象平台（感知控制平台），完成信息运行的小闭环。

（2）用户平台控制的物联网信息运行闭环。服务云平台、管理云平台和传感云平台参与的用户平台控制的智能制造工业物联网信息运行如图2-54所示。

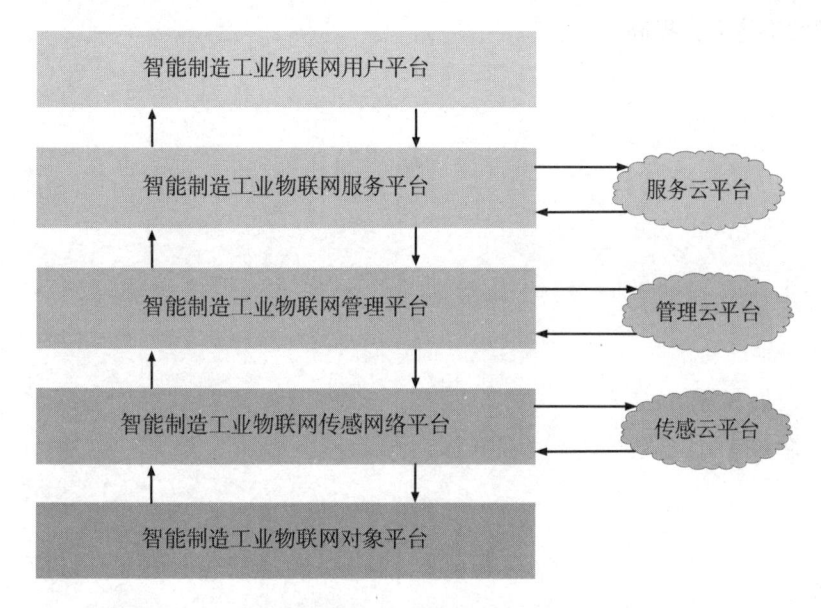

图2-54 管理云平台、服务云平台和传感云平台参与的
物联网信息运行闭环（由用户平台控制）

在制造物联网中，用户平台控制的物联网信息运行情况如下：用户平台为生产部门负责人团队，对象平台（感知控制平台）上的智能制造设备或检测设备等将采集的所有数据的集合以感知信息的形式传输到传感网络平台（或经过授权的传感云平台）、管理平台（或经过授权的管理云平台）、服务平台（或经过授权的服务云平台），最后向上传输到用户平台。处于用户平台位置上的生产部门负责人团队需要综合分析这些数据并生成控制信息，按感知信息的上传路径回传，进而完成物联网信息大闭环运行。

另外，在实际运用中，会存在云平台运营者不统一的情况。

当参与智能制造工业物联网的两云平台或三云平台不是同一运营者时，云平台之间无法直接传输信息，都需要依靠智能制造工业物联网五平台之间的通道进行感知信息和控制信息的传输。

当参与智能制造工业物联网的两云平台或三云平台是同一运营者时，会出现两种情况：第一种情况是通过智能制造工业物联网的五平台传输信息，与上述情况类似；第二种情况是云平台经过授权后，信息可以通过打包的形式直接在相邻的传感云平台、管理云平台、服务云平台之间传输，而不需要经过传感网络平台、管理平台或服务平台的判断和接入，在这种运行方式下，物联网的信息流转和处理效率将大大提高。

第三章
智慧工厂工业物联网

工业制造是一个体系工程，其中生产作业是其底层支撑，是最终实现产品制造的执行环节，主要涉及生产部门对设备和技术工人的管理；其更上层的设计则与工业企业的运营管理相关，可以溯及企业对智能制造的战略决策、研发设计、配套服务等环节，也涉及企业内部的行政管理、职能管理、业务管理等方面。扎实的底层支撑与优质合理的中上层设计有序配合，才能相辅相成，推动企业形成具有竞争力的工业体系，实现企业的智能生产和价值主张。

工业企业内部具有一个完整的经济管理物联网体系，该体系为顶层设计。该经济管理物联网体系包含行政业务物联网、职能物联网、授权业务物联网、关联业务物联网、自组物联网五类子物联网，其中，行政业务物联网是企业在纵向上的管理层级，职能物联网是基于企业经营所需的职能、各职能间的比例以及相互关系形成的物联网，授权业务物联网和关联业务物联网通常表现为企业在横向上的部门设置，自组物联网则是员工为维护企业利益而自主进行的活动所组成的物联网。[①]

工业企业依据其内部的经济管理物联网体系调配各类资源，制定智能制造相关的运行规则，形成开展智能化生产的体系——智慧工厂工业物联网。智慧工厂工业物联网是工业企业内部经济管理物联网体系中的重要组成部分，负责对智能

---

① 邵泽华. 物联网与企业管理. 北京：中国经济出版社，2021：72.

制造进行部署、设计和经营管理，是中层设计。本书第二章所介绍的智能制造工业物联网是底层设计，在智慧工厂的智慧化管理下进行生产作业。

智慧工厂作为工业企业内部经济管理物联网的表现，基于工业生产中各类事务的关联性及差异性同样分为五类子物联网，其结构如图3-1所示。

智慧工厂的运营管理及相关的经济活动都是在一定的需求主导下开展的，其中活动的发起者——用户、活动的统筹者——管理者、活动的执行者——对象处于不同的平台，三者通过一定的通信方式——服务通信、传感通信，成为一个有机整体，依据物联网规律有序运行。

智慧工厂工业物联网中的行政业务物联网（简称"智慧工厂行政业务物联网"）一般涉及生产部门人员及其分管领导、总经理（或厂长），三类人员处于整个企业的行政管理之中，依照行政层级处理各类事务，向其上一层级人员履职。比如，日常生产由生产部门基层员工和基层管理者（班组长、车间主任等）依据授权自行进行；整个部门的事务由中层管理者（部长、副部长等）统筹，在行政上处于分管领导的直接管控之下；生产经营中的重大事项则需要向高层管理者（分管领导）、总经理（或厂长）等汇报，接受高层管理者、总经理的监督考核。

智慧工厂工业物联网中的职能物联网（简称"智慧工厂职能物联网"），是因生产部门在开展自身业务的同时，还需受控于国家法律法规（如节能减排、安全生产、保护环境等方面）及企业内部各职能部门的监督管理和指导而形成的。

智慧工厂工业物联网中的授权业务物联网（简称"智慧工厂授权业务物联网"）和智慧工厂工业物联网中的关联业务物联网（简称"智慧工厂关联业务物联网"），是生产部门在授权下开展自身具体业务以及和企业中的不同部门相互配合共同完成智能研发、宣传、营销等未授权的关联业务而形成的物联网。一些涵盖各部门的事务，具有明确授权应当由生产部门执行的属于授权业务，暂无明确授权的属于关联业务。而且智慧工厂授权业务物联网是智慧工厂行政业务物联网的延伸（实际上，智慧工厂行政业务物联网是主网，也是其他子物联网的根基，与其他子物联网均有密切关联），前者在后者的授权和具体指标下运作，同时也能助力后者良好运转。

智慧工厂工业物联网中的自组物联网（简称"智慧工厂自组物联网"），是生产部门人员在智慧工厂的环境中发现并自动自发处理尚不属于业务范围内的事务而灵活形成的物联网。

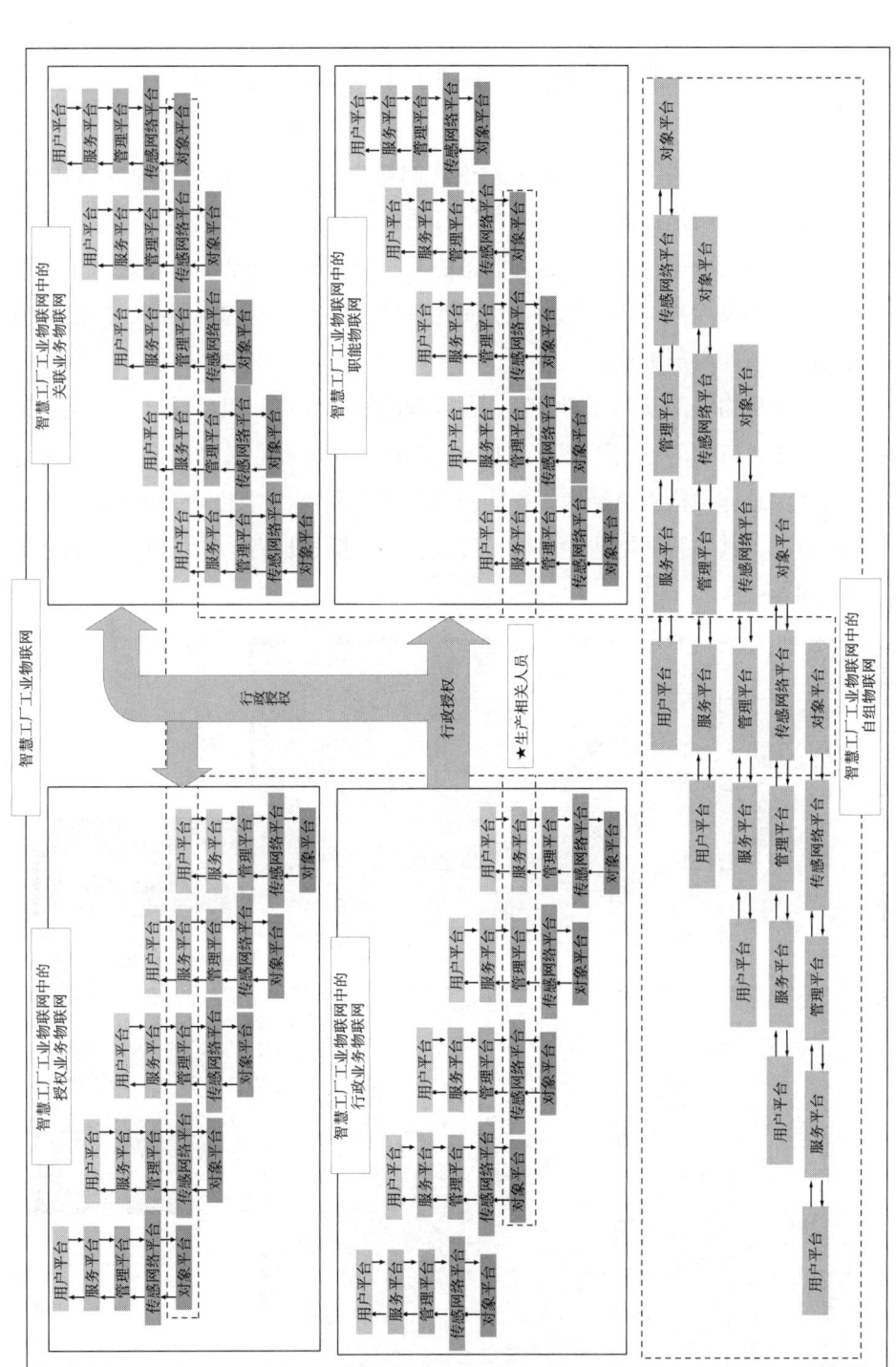

图 3-1 智慧工厂工业物联网

第一节 智慧工厂行政业务物联网

智慧工厂工业物联网是工业企业对生产制造进行全面部署和管理的物联网，其中行政业务物联网是提高运行效率与运行质量的坚实基础和关键部分。工业企业在智能制造领域所进行的组织、控制、协调、监督等各种活动，均致力于提升行政组织架构的灵活性与响应能力，从而在研发、生产、管理、服务、产品智能化方面实现全新的生产方式。

工业企业从物联网基本原理出发，在合理的整体规划和顶层设计的基础上形成完整、高效、科学的智慧工厂行政业务物联网。该行政业务物联网以企业行政组织为载体，总体结构由总经理、智能制造高层管理者、智能制造中基层员工三大类人员组成，其中智能制造中基层员工又包含中层管理者、基层管理者和基层员工（见图3-2）。

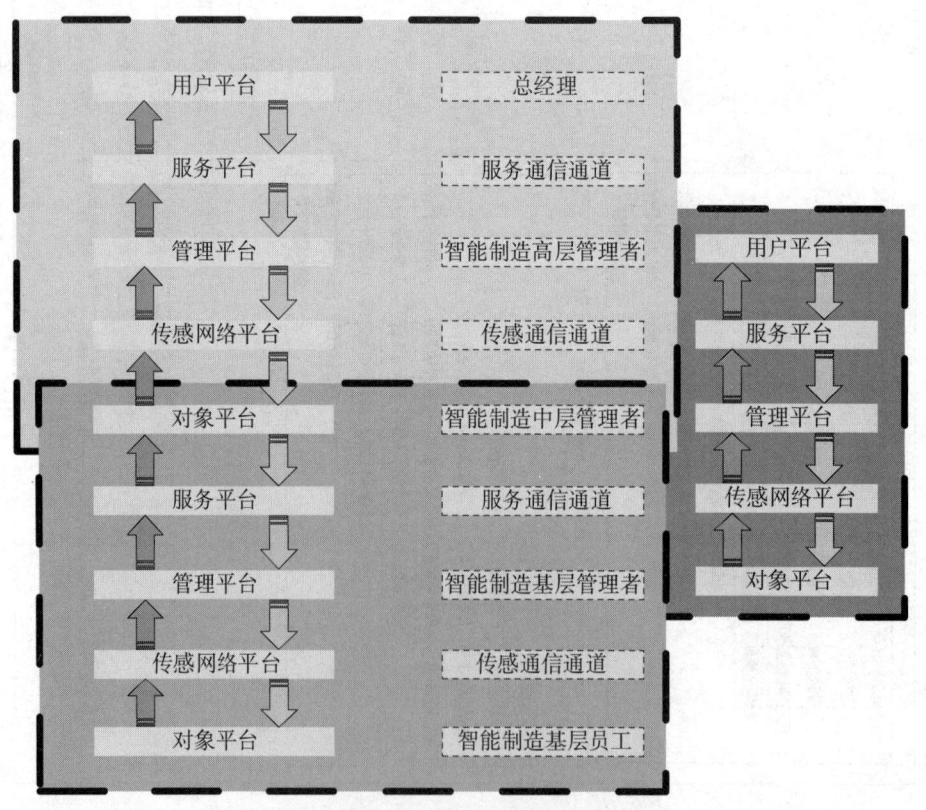

图3-2 智慧工厂行政业务物联网总体结构

参与智能制造的这三大类人员为行政上下级关系，依照相关行政指令、规章制度等发挥行政管理职能。每一类人员（或其中的最高层级）担任一个层级行政业务物联网中的用户平台。

总经理（用户平台）—智能制造高层管理者（管理平台）—智能制造中层管理者（对象平台）为智慧工厂行政业务物联网一级网，负责智能制造的整体规划与重大决策。其中，总经理是企业日常经营管理和业务执行的最高负责人，即企业最高管理者，其主要职责是主持全公司的经营及管理工作，对所承担的工作全面负责，那么其对生产制造全面负责就是理所当然的。智能制造高层管理者是企业生产业务主管领导，又称生产总监、运营总监或副总经理等，其具体工作一般为合理配置资源，组织和监控生产业务的正常运营。智能制造中层管理者，即生产部门负责人，其主要职责是贯彻和执行上级领导制定的重要决策，监督和协调基层管理人员的工作。

智能制造高层管理者（用户平台）—智能制造中层管理者（管理平台）—智能制造基层管理者（对象平台）为行政业务物联网二级网，对智能制造进行日常的经营管理。高层管理者成为该级行政业务物联网的用户，智能制造基层管理者则是一线管理人员（一般包括生产主管、车间主任、组长等），直接指挥和监督现场作业活动，执行生产经营活动方案。

智能制造中层管理者（用户平台）—智能制造基层管理者（管理平台）—智能制造基层员工（对象平台）为行政业务物联网三级网，负责智能制造的实施与具体控制。生产部门负责人成为该级行政业务物联网的用户，智能制造基层员工（生产一线的技术人员）在其管理和调配下保质保量且按时完成生产工作。

在智慧工厂每一级行政业务物联网中，服务通信通道和传感通信通道均由被授权的专业人员组成，共同促成行政信息的良好运转。

三级智慧工厂行政业务物联网依照层级有序运行，使工业企业在研发设计、订单获取、生产制造、物流仓储、产品服务等各环节的诸要素高效调度。下面对三级行政业务物联网进行具体说明。

一、行政业务物联网一级网

（一）行政业务物联网一级网的结构

智慧工厂行政业务物联网一级网的结构如图 3-3 所示。

```
┌─────────────────────────────┬──────────────────────┐
│          用户平台           │        总经理        │
│            ↕                │                      │
│          服务平台           │     服务通信通道     │
│            ↑                │                      │
│          管理平台           │   智能制造高层管理者 │
│            ↑                │                      │
│        传感网络平台         │     传感通信通道     │
│            ↕                │                      │
│          对象平台           │   智能制造中层管理者 │
└─────────────────────────────┴──────────────────────┘
```

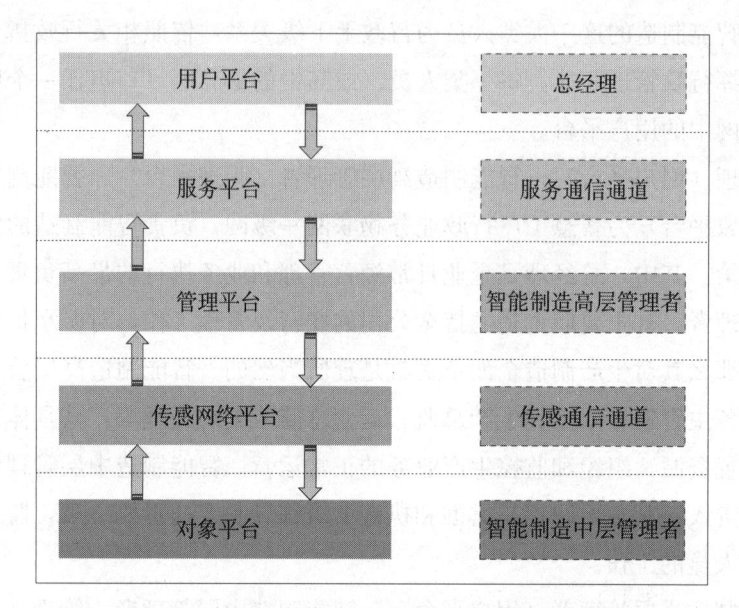

图3-3 智慧工厂行政业务物联网一级网的结构

总经理是智慧工厂行政业务物联网一级网的用户，是该级行政业务物联网的需求主导者和组建者。服务平台位于总经理和智能制造高层管理者之间，该平台的担任者一般是总经理或高层管理团队成员，如总经理秘书、生产总监助理等，以实现总经理与智能制造高层管理者之间的有效互动和交流。智能制造高层管理者（如生产总监）处于管理平台，在总经理的授权下对行政业务物联网一级网进行直接管理。传感网络平台位于智能制造高层管理者和中层管理者之间，该平台的担任者一般为中层管理者自身或获得授权的人员，如管理者助理、部门行政助理等，负责提供传感通信服务，以实现管理平台和对象平台之间的有效互动和交流。智能制造中层管理者（生产部门负责人）位于对象平台，是总经理指令的执行者，也是智能制造资源和生产信息的感知者与提供者。

总经理、智能制造高层管理者以及智能制造中层管理者之间的有效交流沟通是行政业务物联网一级网良好运作的有力保障，而实现行政业务物联网一级网良好运作的前提是各级管理者及两个通信平台的担任者各尽其能，协调运行。

(二)行政业务物联网一级网中各平台的职能

1. 总经理在用户平台上的职能

总经理作为智慧工厂行政业务物联网一级网的用户平台时，其职能包括主导一级网的组建，掌控该物联网的运行，通过服务终端对公司智能制造大数据进行全面了解和统筹，对公司智能制造进行合理的整体规划和风险把控，主持智慧工厂生产经营及管理工作。包括但不限于以下具体事项：

（1）确定智慧工厂的生产经营方针，提报董事会决议，向公司董事会负责，并在智慧工厂建设中全面组织实施董事会的有关决议和规定，将实施情况向董事会汇报；

（2）建立智慧工厂的经营管理体系并组织实施和改进，为经营管理体系运行提供足够的资源；

（3）主持智慧工厂的各项日常经营管理工作，推动实施智慧工厂年度经营计划和投资方案；

（4）把控智慧工厂组织结构的调整，对重要生产事项做出决策。

2. 智能制造高层管理者在管理平台上的职能

智能制造高层管理者处于管理平台时，其职能为协助总经理完成整个智慧工厂工业物联网的管理，优化流程，完善制度，合理配置资源，组织和监控智能制造生产业务的正常运营。包括但不限于以下具体事项：

（1）管理智慧工厂的整体运行及生产经营事项，并对总经理负责；

（2）依据总经理的指令，全面完成公司下达的各项智能制造生产任务和技术经济指标，定期向总经理汇报工作；

（3）指导、监督和管控智能制造中层管理者开展工作，高效组织生产任务，保证智慧工厂工业物联网严格按照公司制定的规则有序、可控地运行。

3. 智能制造中层管理者在对象平台上的职能

智能制造中层管理者作为对象平台时，其职能为执行用户平台下达的生产指令，合理安排、配置生产人员，保证智能制造生产计划的有效实施等。包括但不限于以下具体事项：

（1）根据公司智能制造战略方针和智慧工厂生产目标，编制具体的生产计划，满足用户智慧生产和销售需求，保证市场供给；

（2）贯彻执行公司智慧生产目标，定期并及时向上级汇报生产运营情况；

（3）合理安排生产计划，对工厂的机器设备和智能生产线的运行状态进行监督，确保设备和生产线正常运行、生产数据实时采集，保证生产计划顺利实施。

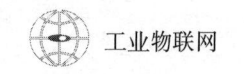

（三）行政业务物联网一级网的运行

行政业务物联网一级网的运行可形成三类闭环运行方式，分别为大闭环运行、小闭环运行和内闭环运行。

1. 大闭环运行

大闭环运行是指感知信息由对象平台生成后，依次经过传感网络平台、管理平台、服务平台处理后，最终到达用户平台；接着由用户平台根据感知信息生成控制信息，并相继由服务平台、管理平台、传感网络平台处理后，最终到达对象平台，由对象执行控制内容的信息传输过程。

在智慧工厂工业物联网中，行政业务物联网一级网的大闭环运行是总经理直接控制的信息运行闭环。下面以公司智慧工厂年度生产计划审核为例对大闭环运行进行说明。

（1）感知信息传输过程。在智慧工厂年度生产计划审核这一物联网中，生产部门负责人及其团队编制智慧工厂生产计划的过程，实质上就是一个处理社会需求和企业智能制造经营目标信息的过程。

生产部门负责人根据企业年度经营目标和年度生产目标，负责组织人员编制年度生产计划草案，包括智能制造产品品种、生产总量、机器设备物料采购、新产品研发等生产任务的计划和进度的具体安排。年度生产计划草案拟定后，为了满足保密性要求，一般由生产部门负责人自己担任传感网络平台，将智慧工厂年度生产计划提交给智能制造高层管理者即生产总监。生产总监接收后对计划相关材料进行审核，根据企业发展战略和经营状况等确认智慧工厂生产任务、生产计划指标，并针对企业智能制造生产水平以及产品销售情况，确认生产规模，从而对生产计划进行修改和完善。生产总监自己或其助理作为服务平台，将完善后的智慧工厂年度生产计划提交给总经理逐条审批。

（2）控制信息传输过程。总经理审批通过智慧工厂年度生产计划并下发的过程，是将接收到的感知信息转化为控制信息的过程。总经理审批通过的书面正式文件由总经理秘书作为服务平台发送给生产总监。针对经过总经理审批的智慧工厂年度生产计划，生产总监形成智能制造计划实施意见，下发生产部门负责人执行。此时生产总监助理作为一级网传感通信通道。生产部门负责人接收到总经理对智慧工厂年度生产计划的审批结果后，随即下发给生产部门等去执行，并监督生产计划的落实情况，保证生产目标的实现；若智慧工厂年度生产计划草案审批未获通过，生产部门负责人则进行计划草案的修改、调整工作，继续完成年度生产计划感知信息和控制信息的传输过程。

以公司智慧工厂年底生产计划为例。智慧工厂年度生产计划自生产部门负责人提出到总经理审批，再到生产部门负责人执行，在整个过程中，该计划在生产部门负责人至总经理这五个平台之间形成运行闭环。这个运行闭环由用户平台即总经理直接控制。

2. 小闭环运行

智慧工厂工业物联网中，行政业务物联网一级网的小闭环运行实质上是总经理授权给智能制造高层管理者、智能制造中层管理者以及传感通信人员和服务通信人员，让其自行处理和决策智能制造相关事项。

以公司智慧工厂年度生产计划为例。智慧工厂年度生产计划可细化为众多具体事项，如果每一项都走流程由总经理审批，其现实可操作性不强。于是，总经理授权给生产总监、生产部门负责人以及传感通信人员和服务通信人员，对年度生产计划中的某些具体部分自行内部决策，形成多个小闭环。如生产部门负责人开始编制生产计划草案时，可以自行对接市场部门获取季度、月度销售计划及预测计划，对接供应部门获取机器设备等物料准备情况，为编制生产计划提供所需材料。此时，总经理无须审核确定，仅由生产部门负责人汇集信息做出决策。这是对象平台控制的信息运行闭环。

同理，智慧工厂生产计划依次上传至传感通信人员、高层管理者、服务通信人员后，各平台的管理者能就职权范围内的部分事项自行判断和决策，部分信息无须上报总经理审批，由此相继形成传感网络平台控制的信息运行闭环、管理平台控制的信息运行闭环和服务平台控制的信息运行闭环。

行政业务物联网一级网的四个小闭环运行可规避冗长的审批流程，在充分获得总经理（用户平台）授权的前提下，提高智慧工厂整体工作效率。

3. 内闭环运行

智慧工厂行政业务物联网一级网的内闭环运行，是指总经理、服务通信人员、高层管理者、传感通信人员、中层管理者这五个功能平台的内部管理各自形成闭环。内闭环运行要求智慧工厂工业物联网各平台内部清楚自身的职责，敢于在职权范围内做出准确决策。上述平台内闭环运行良好时可以确保智慧工厂行政业务物联网一级网内部管理井然有序，能更好地服务于行政业务物联网一级网大闭环和小闭环的运行。

智慧工厂行政业务物联网一级网的大闭环、小闭环以及内闭环的良好运行，能够实现总经理、智能制造高层管理者以及智能制造中层管理者三者之间的协同运作，充分发挥各平台的职能，在更高层面上推动企业向智能制造长远战略规划目标前进。

二、行政业务物联网二级网

（一）行政业务物联网二级网的结构

行政业务物联网二级网的结构如图3-4所示。智能制造高层管理者（生产总监）是行政业务物联网二级网的用户，是该物联网的需求者和组建者；智能制造中层管理者（生产部门负责人）处于管理平台，在高层管理者的授权下对二级网进行统一管理；智能制造基层管理者（生产主管）位于对象平台，是高层管理者指令的执行者，也是智能制造生产信息的提供者；该物联网的服务平台一般由高层管理者助理或中层管理者担任，也可由其他被授权的人员担任；传感网络平台的担任者一般为中层管理者或基层管理者内部人员，或其他获得授权的人员，负责平台间的通信工作，以实现平台间的有效互动和交流。

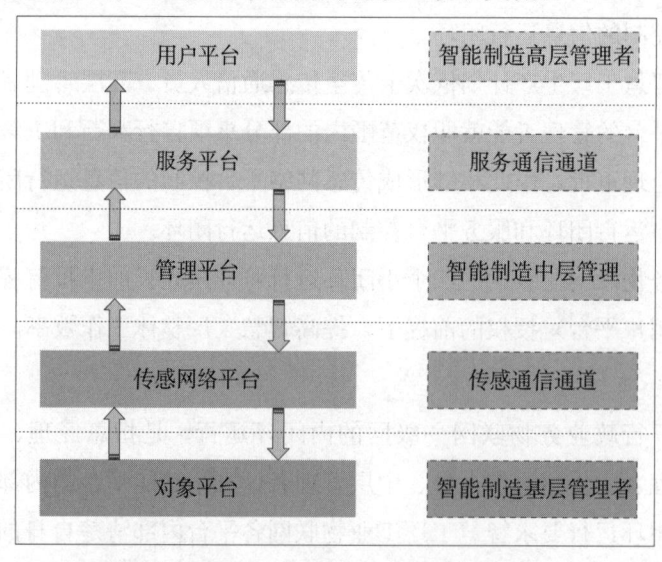

图3-4　智慧工厂行政业务物联网二级网的结构

（二）行政业务物联网二级网中各平台的职能

1. 智能制造高层管理者在用户平台上的职能

智能制造高层管理者作为智慧工厂工业物联网行政业务物联网二级网的用户平台时，其职能包括主导二级网的组建，掌控该物联网的运行，协助总经理制定智能制造生产计划，全面负责管理智慧工厂的生产运行。包括但不限于以下具体事项：

（1）制定企业智能制造生产总体战略规划，全面主持智慧工厂生产工作；

（2）为行政业务物联网二级网的运行提供资源支持，包括资金、设备、人力等；

（3）组织拟定智能制造相关生产部门工作目标及计划，组织建立和完善智能生产指挥系统，对生产进度进行把控和监督。

2. 智能制造中层管理者在管理平台上的职能

智能制造中层管理者处于管理平台时，其主要职责是统筹和管控行政业务物联网二级网的运行情况，负责智慧工厂生产系统日常管理工作等。包括但不限于以下具体事项：

（1）参与行政业务物联网二级网运行，组织、协调、指导基层管理者开展具体的智能制造生产工作，及时向用户平台反馈并协助其更好地把控该物联网的运行；

（2）组织制定、完善智能生产技术、物流仓储、安全管理和产线设备管理等相关规章制度，并对基层管理者进行定期考核。

3. 智能制造基层管理者在对象平台上的职能

智能制造基层管理者作为对象平台时，其职能包括服从上级管理，执行上级发布的指令。包括但不限于以下具体事项：

（1）按照智慧工厂生产、管理的规章制度落实日常的基层管理工作，执行上级发布的指令；

（2）组织制定、修订所辖范围内的智能生产规章制度、作业程序标准，对智能制造基层员工进行分工；

（3）开展各车间智能生产计划执行情况的检查及落实工作，确保现场机器设备及生产线的正常运行；

（4）确保车间数据采集及通信设备、智能监控设备运行良好。

（三）行政业务物联网二级网的运行

行政业务物联网二级网的运行同样可分为大闭环运行、小闭环运行和内闭环运行三类。

根据智慧工厂年度生产计划，生产总监准确、准时制定合理的智能生产作业计划，并组织、把控其运行。智慧工厂生产作业计划是智慧工厂年度生产计划的具体执行计划，它把智慧工厂年度生产计划具体规定为各个车间、工段、班组、每个工作地和个人的以季度、月度、周、班乃至小时计的智能生产计划，是组织日常智能生产活动、建立正常智能生产秩序的重要手段。下面以车间月度智能生产作业计划的编制为例解释该级物联网的运行方式。

1. 大闭环运行

在车间月度智能生产作业计划编制这一物联网中，经总经理审批的智慧工厂年度生产计划下达后，由生产总监负责牵头编制各车间月度的智能生产作业计划，包括生产品种、数量、日期和进度，分派生产部门部长、生产主管编制、实施和跟踪本业务范围内的智能生产作业计划并及时反馈，由此实现生产总监控制的行政业务物联网二级网的大闭环信息运行。

（1）感知信息的运行过程。生产主管收集车间订单生产状况、物料准备等资料，从投入进度控制、工序进度控制和出产进度控制等方面进行智能分析和管理，对产品质量、数量及生产时间相关数据进行实时智能采集，编制分析报告；其后生产主管自身充当传感网络平台，直接对接生产部门负责人，汇报车间月度智能生产作业计划执行状况和生产异常情况的调整、处理结果；生产部门负责人作为管理平台，对接收到的信息进行判断、筛选和决策，通过服务通信通道进一步向生产总监提出关于现行车间月度智能生产作业计划调整的合理化建议，生产总监在职权范围内做出决策。

（2）控制信息的运行过程。生产总监以公司智能生产总方针和智慧工厂年度生产计划为依据，主持召开智能生产调度会议，研究讨论目前智慧工厂生产进度和存在的问题。生产总监最终做出目前有关智能生产作业计划的最佳决策，通过服务通信通道告知生产部门负责人。生产部门负责人接收控制信息并对其进行筛选，再通过传感网络通信通道告知生产主管做出调整或执行原方案。智能车间月度生产作业计划下达后,生产主管根据计划详细安排各项生产,实时掌握生产动态。

车间月度智能生产作业计划的编制工作自生产主管上报反馈到生产总监决策,再到生产主管执行,在此过程中,该工作事项在生产主管至生产总监这五个平台之间形成运行闭环,完成了生产总监控制的行政业务物联网二级网的信息运行大闭环。

2. 小闭环运行

行政业务物联网二级网的小闭环运行与大闭环运行是部分与整体的关系。当二级网中各平台人员被充分授权进行部分决策时,可以根据具体情况选择最恰当的信息运行方式,形成多个小闭环。

比如在车间智能生产作业计划编制过程中,生产主管接收到车间班组长编制的组内月、周生产作业计划草案,生产主管可直接进行职权范围内的自主核查,形成对象平台控制的信息运行闭环;同理,车间月度智能生产作业计划上传至传感网络平台、管理平台、服务平台后,各平台管理者就职权范围内的部分事项自行判断和决策,由此相继形成传感网络平台控制的信息运行闭环、管理平台控制的信息运行闭环和服务平台控制的信息运行闭环。行政业务物联网二级网的四个小闭环运行可规避冗长的审批流程,增强决策灵活性,提高智能生产效率。

3. 内闭环运行

智慧工厂行政业务物联网二级网的内闭环运行,即生产总监、服务通信人员、中层管理者、传感通信人员、基层管理者这五个功能平台的内部管理各自形成闭环,内闭环运行要求功能平台既能快速理解指令,听取建议完善工作,又能高效准确地做出决策,以保证二级网的良好运行。

智能制造行政业务物联网二级网的大闭环、小闭环以及内闭环的良好运行,能够实现智能制造高层管理者、中层管理者以及基层管理者三者之间的协同运作,充分发挥各平台管理者的职能,推动企业智能生产工作的有效开展。

三、行政业务物联网三级网

(一)行政业务物联网三级网的结构

行政业务物联网三级网的结构如图3-5所示。智能制造中层管理者(生产部门负责人）是行政业务物联网三级网的用户平台，是该物联网的需求者和组建者；智能制造基层管理者（生产主管）处于管理平台，对三级网进行统一管理；智能制造基层员工（技术工人）位于对象平台，是指令的执行者，也是生产信息的提供者；该物联网的服务平台和传感网络平台的担任者一般是管理者自己，也可以是其他被授权的人员，负责平台间的通信工作。

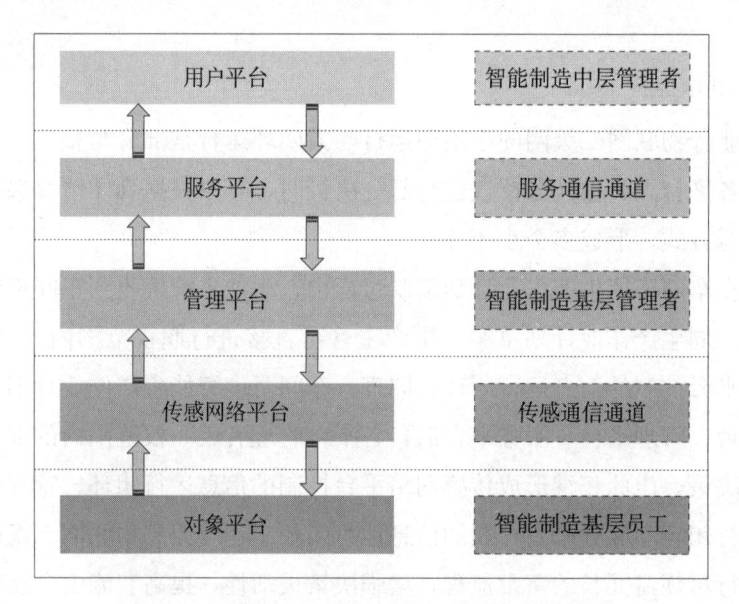

用户平台	智能制造中层管理者
服务平台	服务通信通道
管理平台	智能制造基层管理者
传感网络平台	传感通信通道
对象平台	智能制造基层员工

图 3-5　智慧工厂行政业务物联网三级网的结构

（二）行政业务物联网三级网中各平台的职能

1. 智能制造中层管理者在用户平台上的职能

智能制造中层管理者作为智慧工厂工业物联网行政业务物联网三级网的用户平台时，其主要职能是主导三级网的组建，把控该物联网的运行，组织并指导下属生产部门员工按质按量按时完成生产作业任务，实现企业智能生产目标。包括但不限于以下具体事项：

（1）协助生产总监制定智能生产技术、物流仓储、安全管理和生产线设备管理等相关规章制度；

（2）实施生产部门的质量方针、目标，推动智能生产运作管理和质量管理体系的有效运行；

（3）督促生产部门基层员工履行岗位职责，评估工作质量并定时汇报；

(4) 对智慧工厂生产线的机器设备、物料、环境进行有效管理。

2. 智能制造基层管理者在管理平台上的职能

智能制造基层管理者处于管理平台时,负责行政业务物联网三级网的运行管理工作,组织实施具体的车间智能生产计划,对生产过程进行管理和监督。包括但不限于以下具体事项:

(1) 传达智能生产指令并负责其得到执行,对班组内员工进行合理调配、分工和管理;

(2) 组织实施具体的车间智能生产计划,把控智能生产过程,确保智能生产线的良好运行,进行机器设备的维修和保养;

(3) 对车间智能生产安全和环境进行有效管理。

3. 智能制造基层员工在对象平台上的职能

智能制造基层员工作为对象平台时,其职能包括明确智能制造生产车间工作职责,服从管理并执行智能生产作业任务。包括但不限于以下具体事项:

(1) 遵守车间员工岗位职责,保质保量完成智能生产任务,不断提升个人智能化生产技能;

(2) 安全文明生产,执行生产现场的6S管理;

(3) 严格遵守智能设备操作规范,对所使用的智能设备进行保养和维护。

(三) 行政业务物联网三级网的运行

智慧工厂工业物联网行政业务网三级网的运行方式包括大闭环、小闭环和内闭环三类。

在行政业务物联网三级网中,生产部门负责人、生产主管、基层技术工人之间构成了一个完整的运行闭环,即生产部门负责人控制的信息运行闭环。订单生产是企业根据客户订单的需求量和交货期来进行生产安排的,有订单才安排生产,无订单则调整生产,力求最大限度地满足客户的需求,提高企业的竞争优势。下面以车间订单智能生产为例解释该级物联网的运行方式。

1. 大闭环运行

在智慧工厂工业物联网中,行政业务物联网三级网的大闭环运行是生产部门负责人控制的信息运行闭环。当确定要执行某一订单的智能生产工作后,一个完整的智能制造行政业务物联网三级网便组建完成。

在车间订单智能生产这一物联网中，生产部门负责人被授权为用户平台，负责监控并积极协调生产订单所需机器设备、物料的到位情况，督促生产订单及时完成。智能生产期间，感知信息的运行过程是生产主管严格把控生产进度，借助传感通信通道定期汇总车间技术工人对智能生产信息的反馈，并按时向生产部门负责人汇报生产进度及问题，以确保订单保质保量准时完成。生产主管接到生产部门负责人审核通过的生产订单（控制信息）后，按订单发货时间制定智能生产计划，并将计划下发给车间生产组长，把控生产进度；技术工人接收到订单生产指令后开始执行智能生产计划。由此，生产部门负责人控制的大闭环运行形成。

2. 小闭环运行

订单生产主要由技术工人执行，技术工人遵守车间智能生产线操作规范，每日核对该工位产出任务，按时按量完成，并维护智能生产线运行环境，实时维护智能机器设备，实现安全生产，对于生产线突发情况要及时汇报、解决。此时形成对象平台控制的信息闭环。

技术工人执行智能生产订单过程中经常会遇到一些自身无法解决的事项，这时就需要生产主管、生产部门负责人根据事项的轻重缓急判断自己是否参与解决该事项。如果仅有生产主管参与解决，则运行的是管理平台控制的信息闭环；服务平台和传感网络平台分别参与时则运行服务平台控制的信息闭环和传感网络平台控制的信息闭环。如果生产部门负责人参与，则运行用户平台控制的信息闭环，也就是大闭环；但是如果生产总监、总经理也参与解决，则行政业务物联网三级网、二级网、一级网共同运行，即多个信息运行闭环同时运转。

3. 内闭环运行

智能制造行政业务物联网三级网的内闭环运行，即生产部门负责人、服务通信人员、基层管理者、传感通信人员、基层技术工人这五个功能平台的内部管理各自形成闭环，内闭环运行通畅是整个物联网运行平稳、顺畅的基础。只有五个功能平台各自发挥主动性，积极承担工作业务，才能保证行政业务网三级网运行通畅。比如，当智能制造基层管理者接收到基层技术工人上传的感知信息，却无法传递相应的管理控制信息时，管理平台内部的信息运行则是有缺陷的，没有形成信息闭环。这也进一步导致对象平台迟迟得不到反馈，接收不到控制信息，造成对象平台内部信息运行故障，此时无法形成运行闭环，进而无法作用于生产信息源。

智能制造行政业务物联网三级网的大闭环、小闭环以及内闭环的良好运行，有助于管理者密切联系广大基层员工，巩固智能生产的管理基础，提高智能生产的生产效率。

第二节 智慧工厂职能物联网

《中华人民共和国公司法》不仅明确规定了企业必须设立的组织机构，还规定了公司的财务、会计、法律等职能的责任，但对于具体业务设置和部门结构则没有要求，只要符合公司章程、根据实际生产经营需要设立就可以了。[①] 因此，在国家相关法律法规或者公司规章制度下，智慧工厂工业物联网中的职能物联网，致力于实现企业合法合规且符合社会经济需求的智能生产目标任务。

企业职能的设置是企业的需求、价值定位和业务特点的显著体现，工业企业可以根据行业特点和自身规划设置不同的职能。首先，工业企业根据发展所需的人、财、物等基本要素，设置对应的基本职能，如行政管理职能、人力资源管理职能、财务管理职能、质量管理职能等；其次，国家政策方针的变化对企业职能的变更也有着重要影响，一些工业企业在响应政策、履行义务、转型升级的过程中会自主新增一些专业职能，如安全-职业健康-环保（HSE）管理职能、知识产权管理职能、信息安全管理职能等。智慧工厂工业物联网中还有其他职能，如生产管理职能，也是极其重要的部分，但生产管理职能在智能制造工业物联网一章中已有颇多阐释，本章不再赘述。

以下将详述智慧工厂职能物联网的结构，并以行政管理职能、人力资源管理职能、质量管理职能、财务管理职能、环境与安全管理职能五种职能物联网为例阐释其信息运行过程。

一、智慧工厂职能物联网的结构

智慧工厂工业物联网是围绕企业的工业经营活动中相关职责和义务运行的物联网，生产工业部门（生产部门）是其核心部门之一（见图3-6）。各职能部门及管理系统处于管理平台，为智慧工厂工业物联网中职能物联网的情况一；各职

[①] 邵泽华. 物联网与企业管理. 北京：中国经济出版社，2021：129.

能部门及管理系统处于用户平台,为智慧工厂工业物联网中职能物联网的情况二。如果智能制造工业物联网没有接入云平台,而智慧工厂又业务繁杂、数据庞大、职能管理任务颇为关键,该智慧工厂职能物联网也可接入云平台以优化职能管理效果。以下将分别说明在情况一和情况二中,用户平台、管理平台以及对象平台三个关键平台的结构特点,其他平台的结构特点不再赘述。

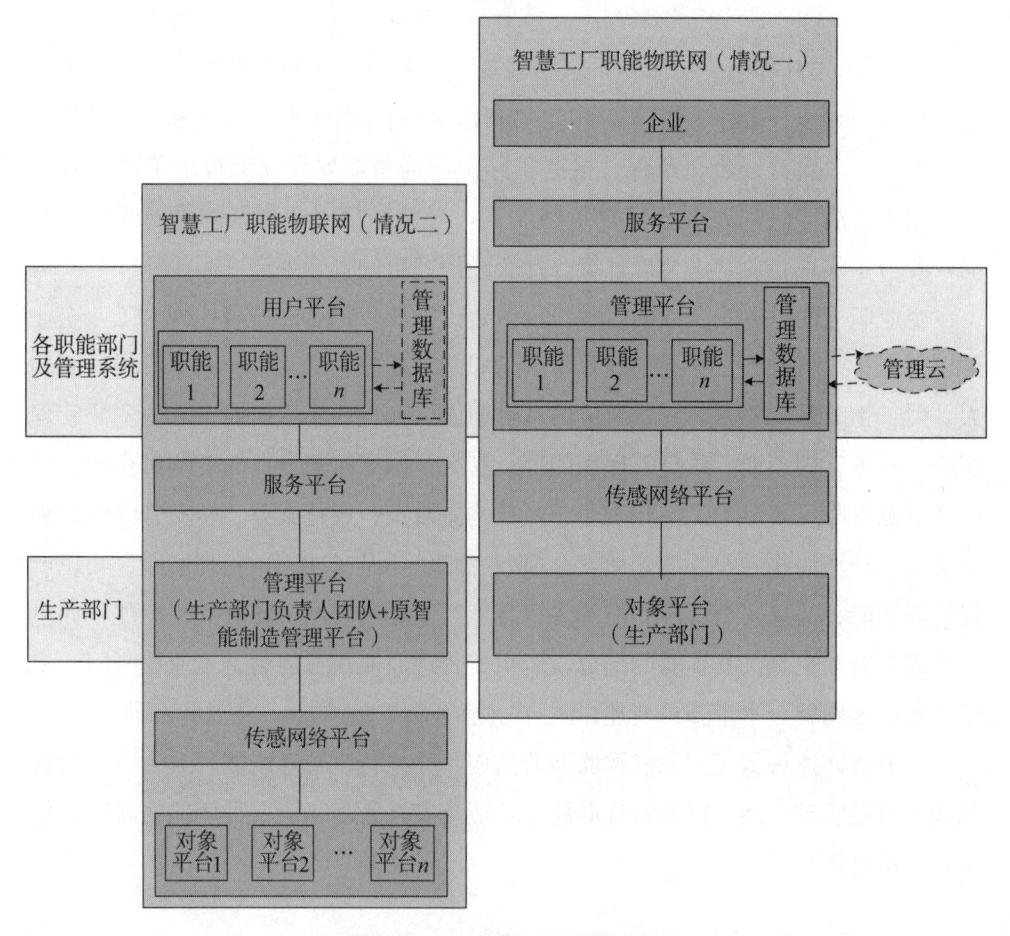

图 3-6 智慧工厂职能物联网

注:虚线表示该结构可能不存在,是否设置管理数据库、是否接入云平台视具体情况而定。

(一)企业主导的智慧工厂职能物联网的结构

企业主导的智慧工厂职能物联网的结构如图 3-6 中情况一所示。

企业是该智慧工厂职能物联网的用户平台。用户平台的具体责任人分为两种，即企业法人和被企业法人授权的分管负责人。当企业中的各项重要职能需要在遵循国家法律法规、政策和公司制度的前提下履行时，企业法人代表常常是企业对外承担法律责任的第一责任人，代表公司整体的意志和利益时，居于物联网的用户平台；在企业法人授权或无须企业法人直接参与、决策的情况下代表公司整体的意志和利益时，被授权的分管负责人（分管领导）是各项职能工作的具体责任人，监督和指导各项职能的日常运行，也可以居于该物联网的用户平台。

各职能部门是该智慧工厂职能物联网的管理平台。各职能部门及管理系统承担管理职能，并以分平台的形式——职能1，2，3，…，n分平台对工业经营活动进行管理。例如，职能1为人力资源管理职能、职能2为质量管理职能、职能3为财务管理职能、职能4为环境与安全管理职能等，各个职能分平台分工协作。在特殊情况下，分管领导也可以处于管理平台，分管领导相当于管理总数据库，负责分配各职能部门的管理权责，统辖各个分数据库，如在工业生产人员的管理上，需要将人员培训、任务安排、绩效考核、资源分配等事项分派至各职能管理部门，以完成对工业生产人员的管理工作。

生产部门是该智慧工厂职能物联网的对象平台。在各职能部门的管理下，生产部门践行职能1至职能n的管理要求，对工业生产活动开展内部的职能管理工作，如生产部门在完成生产任务指标的过程中，在各职能部门的管理下，还需考虑产量、效率、品质、成本以及客户服务等要素，以更好地实现公司的有效运转。

（二）各职能部门主导的智慧工厂职能物联网

各职能部门主导的智慧工厂职能物联网的结构如图3-6中情况二所示。

各职能部门成为该智慧工厂职能物联网的用户平台。由于在具体执行各项职能时，各职能部门已经被企业的最高经营管理者或者管理制度授权，因而能够制定相应职能物联网（单体物联网）的运行规则，主导职能物联网的组建，掌控职能物联网的运行，并提供必要的职能管理资源。

整个生产部门的管理层（原智能制造工业物联网中的管理平台）及以上层级（原智能制造工业物联网中的用户平台，即生产部门负责人团队），成为该职能物联网中的管理平台，承担统一管理的职责，在生产部门内统筹、策划、组织、安排职能1至职能n的管理工作，指挥、协调对象平台完成相应的工作。

生产部门的员工及设备是该智慧工厂职能物联网的对象平台，由多个分平台组成,分别是对象分平台 1,2,3,…,n。

二、智慧工厂中常见的职能物联网及其运行

(一)智慧工厂行政管理职能物联网

1. 智慧工厂工业物联网中的行政管理职能

在企业的日常管理中,常常涉及烦琐、常规的行政业务,如访客接待、会议安排、后勤补给和保障等,若这些行政业务缺少一定的行政管理规范,可能会让公司的行政业务管理变得混乱乃至造成各部门之间"各自为战"的局面。而行政管理职能的主要作用就是将常规且典型的行政业务进行标准化、流程化管理,并制定相关的管理制度和规章,这些规章制度虽不能直接为公司带来经济效益,但能让企业协调运转、各部门形成合力,使企业的行政业务得到执行和完善,从而使企业能够顺利运转、健康发展。

行政管理职能对于企业的管理作用可以体现在以下三个方面:第一,行政管理职能对企业起到基本管理的作用。行政管理职能通过制定各行政业务的规范化流程以及公司的行政章程,实现行政业务管理的标准化、统一化,同时建立规范化流程的周期管理制度,对已经存在的规章制度进行定期梳理、审视和识别,发现行政管理业务的变化点和漏洞,及时对流程进行修正。行政管理职能的基本管理作用保证了企业内行政命令的有效贯彻和执行,从而使企业制定的长期、中期、短期计划和目标能够按时、按质、按量完成,促进企业有序运转。第二,行政管理职能对企业的各部门具有协调作用。企业的行政部门往往是企业内部沟通的重要桥梁,能够建立良好的"上下"或"左右"联系渠道,并通过行政"桥梁"不断精简和优化办事程序和环节,使联系渠道更加通畅,以此保障各部门的业务顺利推进。第三,行政管理职能对企业成员具有服务作用,如制定员工工作餐制度、员工住宿标准、生日和节日礼物制度、各种文体和联谊活动流程与标准等,能够有效服务各部门员工,提高员工的工作积极性,从而形成良好的工作环境和氛围,更好地保障各业务部门的高效运转。

行政管理职能由特定的行政部门统一制定、维护和推行,并由此特定部门进行监督、指导各部门、各员工的履行情况。行政管理职能物联网与本章第一节所述的行政业务物联网有所不同,前者以行政规章制定、行政制度宣贯等手段保障

全公司的制度统一，将行政权责承载于制度中；后者注重各层级职权的各自履行，将行政权责承载于职级和相应业务中。

2. 智慧工厂行政管理职能物联网的信息运行

下面以行政管理中的访客接待流程制度为例分别阐释智慧工厂行政管理职能物联网的大闭环、小闭环以及内闭环的信息运行。

（1）大闭环运行。感知信息运行如下：当生产部门的接待人员收到其他企业、单位提出的工厂访问需求后，出现了常规接待流程外的特殊需求，如人员过多导致其访问就餐、接待车辆、流程参观需求无法满足时，生产部门接待人员作为对象平台，将相关问题进行分析汇总，并通过传感网络平台（一般由接待人员自身充当）及时上报至生产部门负责人处；生产部门负责人收到访客就餐需求无法满足等问题后，收集访客相关信息，如访客的具体人数、就餐的时间和所需场所等，根据实际情况，拟出接待计划，并编撰成流程方案通过服务平台传输至行政管理职能部门；行政管理职能部门负责人认真审核方案，并在职能范围内及时做出判断和决策。

控制信息运行如下：行政管理职能部门（负责人）以生产部门汇报的情况为依据，制定应对相关特殊接待需求的制度流程，如出现特殊接待需求时的用餐标准制定、接待汽车数量的规定以及相应接待人员的安排制定等，纳入公司日常行政管理制度，并通过服务平台将控制信息传送至生产部门负责人处；生产部门负责人接收到来自行政管理职能部门的控制信息后，在接待中贯彻相应的制度安排，并将编制成电子文档或纸质手册的规章制度通过传感网络平台传输至接待员工即对象处；接待员工仔细了解相关接待制度，遵循公司的行政章程完成具体的接待工作。

（2）小闭环和内闭环运行。在访客接待管理中，生产部门负责人获得行政管理职能部门的授权后，可以在授权范围内根据具体情况自行做出判断和决策。如接待人员有临时少量增减的情况发生时，在符合公司行政管理制度的前提下，由生产部门根据实际情况自行调整接待车辆、用餐位置、参观流程等，形成管理平台控制的小闭环信息运行；同理，其他平台人员被授权后在职权范围内进行决策，可能形成传感网络平台控制的小闭环信息运行以及服务平台控制的小闭环信息运行。

在访客接待管理中，对象平台中的接待员对突发情况可以做出临时反应，如突遇特殊天气（大雨、大风），将计划的访客参观路线修改为更加安全的参观路线，从而保证参观人员与接待人员的人身安全，确保访问活动的有序进行，则实现对象平台内闭环运行与对象平台控制的小闭环运行。

（二）智慧工厂人力资源管理职能物联网

1. 智慧工厂中的人力资源管理职能

工业企业开展工业生产活动需要两种基础性资源——人力资源和物性资源（非人力资源），前者是劳动人口的数量和质量，后者是财力、物力、时间和信息资源等。人力资源的数量是社会生产必要的先决条件，而人力资源的质量对工业企业发展乃至整个社会经济发展起着越来越重要的作用，因此对人力资源进行管理是工业企业开展经营管理活动绕不开的环节。

智慧工厂中的人力资源管理既具备共性特征，也有针对智能工业相关人员的特殊性。

其共性通常体现在以下两个方面：一是人力资源管理在业务上通常包括规划、招聘与配置、培训和开发、绩效管理、薪酬福利管理、劳动关系管理六方面内容，囊括员工入职、发挥员工才能、满足企业用工需求和兼顾员工需求、维护劳动关系的全过程；二是在关键支撑上包括人才发展、组织发展和企业文化三个方面。

其特性主要体现在工业企业开发、培育和使用人力资源的过程中，不仅要控制、管束，也需要引导、保护和激励——充分尊重员工的能动性、感知及需求，也就是要把感知和控制功能都融入智慧工厂工业物联网中，在物联网中实现对企业人力资源的有效管理。如工业企业中的智能工业相关人员，在智能工业环境下面临"机器换人"的压力，其重要任务是不断提升人才的复合型知识与技能水平，以新技术代替过时的技术，提升工作效率和工作质量，增强自身内在的竞争力。因而针对这类人员，人力资源管理部门需更加重视教育和技能培训，从多维度培养多元化的新型人才，合理设置岗位，构建和谐的人机关系。

同时，随着机器设备与智能工业相关人员的关系日益密切，机器设备带来的风险也不容忽视，如员工的职业健康、职业安全保障等工作也需要日益完善。同时，人力资源管理工作与职业健康安全工作具有相互交叉、密不可分的特点，如都需履行《中华人民共和国劳动法》《中华人民共和国职业病防治法》《国家职业卫生标准管理办法》《职业病危害项目申报管理办法》《职业健康监护管理办法》

《用人单位职业健康监护监督管理办法》等法律法规所要求的用人义务。

2. 智慧工厂人力资源管理职能物联网的信息运行

（1）大闭环运行。大闭环运行由感知信息和控制信息的运行构成。由生产部门或其他对象平台生成感知信息，依次经过传感网络平台、管理平台、服务平台，最终到达用户平台；用户平台根据接收的感知信息生成控制信息，再依次经由服务平台、管理平台、传感网络平台，最终到达对象平台。下面以专业技术人员的培训计划为例阐释大闭环中感知与控制信息的运行。

感知信息运行如下：专业技术人员面对新工艺、新材料时常常会产生许多问题，如对新工艺不熟悉、对新材料的用途和材质不明晰等问题。此时，专业技术人员收集相关技术问题和原料问题并汇总，通过传感网络平台（一般是专业技术人员自身充当）将以上问题递送至生产部门负责人处，并汇报工艺过程、细节中的疑难；管理平台（生产部门负责人）根据汇报，对其问题有了初步的分析和判断，提出涉及专业技术人员培训的解决方案，并通过服务通信通道将其建议传输至用户平台（被授权的人力资源管理部门）；人力资源部门（负责人）以感知信息为依据，在职权范围内做出考量和决策。

控制信息运行如下：用户平台（人力资源管理部门）以生产部门的汇报为依据，选取合适的培训方案，针对培训的重点进行取舍，由人力资源管理部门负责人做出培训方案的最终决策，将决策通过服务通信通道告知生产部门负责人；生产部门负责人接收到培训方案，按照方案内容筹划自己职能内的相关事项，如统筹培训时间、地点以及人员等安排；最后，通过传感网络通信通道（如在员工群内发布具体的培训通知）通知对象平台（专业技术人员）参与专业的技术培训，对象平台中的人员参与培训并提高自身水平。

（2）小闭环和内闭环运行。下面依旧以专业技术人员的培训计划为例进行阐释。

小闭环的运行，需要各平台被充分授权。如在专业技术人员的培训计划中，生产部门负责人获得人力资源管理部门的授权，收到相关技术人员的培训需求申请，生产部门负责人根据相关申请，分析研究，当生产部门负责人认为其有培训的必要时，便开始组织筹备培训的相关事宜，如确定人员名单、培训的具体工艺类别等，并发出控制信息，形成管理平台控制的信息运行闭环；同理，其他各平台管理者被授权后，在职权范围内进行决策，可能形成传感网络平台控制的信息运行闭环、服务平台控制的信息运行闭环以及对象平台控制的信息运行闭环。

内闭环的运行,依靠各平台对自身职责的清晰认识和界定。如在专业技术人员的培训计划中,对象平台中的专业技术人员能够了解培训流程,理解培训目的,对自身情况做出判断,在培训中补齐相关知识或工艺的缺失部分,实现对象平台内闭环运行。

(三)智慧工厂质量管理职能物联网

1. 智慧工厂中的质量管理职能

前面所述的人力资源是基础性资源和先决条件,那么配备一系列资源和条件则是为了实现企业生产成果的转换——产品的"惊险的跳跃",质量便是制胜这一环节的关键。工业企业以提供质量合格乃至卓越的产品立足于市场,并在保障经济效益的基础上兼顾社会效益。我国关于工业企业产品质量的法律法规有《中华人民共和国工业产品生产许可证管理条例实施办法》《中华人民共和国产品质量法》等,从生产资格的准入、产品质量本身以及应当承担的责任等方面约束工业企业的行为。此外,工业企业还应遵循质量方面的国际标准、国家标准、行业标准等,同时依据以上标准,在企业中建立合规的质量管理体系。

工业企业进行有效的质量管理,一则可以规范其生产经营活动,确保在工厂生产的初始环节严格把控产品质量;二则帮助其树立品牌优势和诚信形象,高质量的产品将为企业拓展市场空间、巩固口碑、获取消费者的信任提供保障;三则有利于形成良好的企业文化,适应高速变化的社会和经济环境对其提出的要求。

工业企业中的质量管理即关于质量的管理,其主要内容是制定质量方针和质量目标,主要过程包括质量策划、质量保证、质量控制、质量改进,其中质量策划是先导性和全局性工作,致力于制定质量目标并规定必要的运行过程和配置相关资源以实现质量目标,如编制质量管理计划。质量管理的原则为:(1)以顾客为关注点;(2)领导作用,指企业各级领导建立统一的宗旨和方向,并创造全员积极参与实现企业的质量目标的条件;(3)全员积极参与,整个企业内各级胜任、经授权并积极参与的员工是提高工厂创造和提供价值的能力的必要条件;(4)过程方法,指质量管理体系是由相互关联的过程组成的,而非割裂性的工作;(5)改进,这对于企业保持较高的绩效水平、对内外部条件的变化做出反应、创造新的机会都是非常必要的;(6)循证决策,加强对事实、证据和数据的分析可以使决策更加客观、可信;(7)关系管理,其中对供方及合作伙伴网络的关系管理尤为重要。①

质量管理原则中的领导作用通常指最高管理者对质量管理体系和全员积极参与的支持,最高管理者在组织内有授权和提供资源的权力,与智慧工厂工业物联网中的用户平台职能相契合;全员积极参与、过程方法、循证决策等都与智慧工厂工业物联网的信息运行闭环关联紧密,智慧工厂工业物联网中的职能物联网有助于企业更有效地进行质量管理。

2. 智慧工厂质量管理职能物联网的信息运行

下面以质量管理中的成品质量管理为例分别阐释智慧工厂质量管理职能物联网的大闭环、小闭环以及内闭环的信息运行。

(1) 大闭环运行。感知信息运行如下:当成品检验人员(含化验员)发现成品标识不清或成品被漏检的情况时,成品检验人员(含化验员)就作为对象平台,将相关成品质量管理问题整理汇总,通过传感网络通信通道(一般由成品检验人员构成)上报至生产部门负责人;生产部门负责人了解情况后,前往生产现场检验、校核情况的真实性,再思考判别情况发生原因并提出初步解决方案,如成品要统一标识,成品检验报告要清晰并得到合理保存,通过成品检验报告能追溯到相应的生产组、批号、日期及重要原料等,并将初步解决方案和相关问题通过服务通信通道,呈送至质量管理部门;质量管理部门经过对报告方案的审核、优化,在职权范围内做出决策。

控制信息运行如下:用户平台即质量管理部门(负责人)以生产部门提交的方案和问题为依据,考量方案利弊,并优化方案细节,如成品检验结果由谁批准,成品是否可以特别放行,可以特别放行的成品应达到怎样的标准,审批权限要得到明确的规定等,将决策通过服务通信通道传送至生产部门(负责人);生产部门负责人接到质量管理部门的计划,着手统筹安排,如指定成品检验人员、开展环节控制和物料筹备等工作,推动计划落实,通过传感网络通信通道将计划下发,通知到各对象平台(成品检验人员);成品检验(含化验员)人员收到控制信息并按计划落实,如粘贴成品检验标识、进行检验环节控制等具体事项。

(2) 小闭环和内闭环运行。在成品管理中,生产部门负责人获得质量管理部

---

① 《质量管理体系 基础和术语》(GB/T 19000—2016).

门的授权，如收到成品检验人员（含化验员）相关质检问题汇报，生产部门负责人根据问题，经研究判断，确定解决方案并发出控制信息，形成管理平台控制的小闭环信息运行；同理，其他各平台管理者被授权后，在职权范围内进行决策，可能形成传感网络平台控制的小闭环信息运行以及服务平台控制的小闭环信息运行。

在成品管理中，如对象平台中的成品检验人员（含化验员）能够有效执行文件规定的成品标识方法，通过自我训练或学习获取更多检验经验、方法等，则实现对象平台内闭环运行。

（四）智慧工厂财务管理职能物联网

1. 智慧工厂中的财务管理职能

资金的循环使用是企业开展业务的基础，如果企业存在资金分配不合理、预算超支、资源利用不足、财务预算不够灵活等问题，往往会影响企业的长期发展，从而阻碍企业的总体战略。因此，工业企业的健康发展离不开财务管理活动，财务管理与人力资源管理和质量管理关联密切，并涉及研发、设计、采购、生产制造、销售等经营管理活动的方方面面。

财务管理是指对企业经营活动进行管理、规划，并对企业中相关的成本支出、收益等进行详细分析，最终形成对企业经济活动的规划、监督、评价。其中，成本管理是财务管理的重要内容，是指企业生产经营过程中的成本核算、成本分析、成本决策和成本控制等一系列科学管理行为。成本包括技术成本、生产成本、信息来源成本、库存成本、销售成本、后勤成本等。

在财务管理过程中，企业要赋予财务管理人员一定的权限，以加强不同环节的财务规划。智慧工厂工业物联网中的财务管理，能够合理组织生产要素，优化生产流程和分工，如在战略层面分析企业各部门的职能和运作情况，评估各部门设立的必要性，避免不必要的生产环节，以便控制成本；在人力资源方面，审核人员的增加是否有序、人员的配置是否合理，筛选人员配置不合理的部门或环节；在运营模式方面，审核是否有资金支出标准，资金使用是否按规定执行，审核内容包括但不限于资金数额、资金用途等，最终保证成本支出与成本预算的统一性。

2. 智慧工厂中财务管理职能物联网的信息运行

下面以财务管理中的存货管理为例分别阐释智慧工厂财务管理职能物联网的

大闭环、小闭环以及内闭环的信息运行。

(1) 大闭环运行。感知信息运行如下：当发现存货中存在闲置存货和报废存货时，生产部门的存货管理人员就作为对象平台，在职权内跟踪调查存货情况，撰写不合理存货的分析报告，通过传感网络平台（一般由存货管理人员担任）上报至生产部门负责人；生产部门负责人收到分析报告后，主动调查不合理存货产生的原因，如调查结果显示是未及时对存货业务进行核算、关于存货的财务管理制度存在漏洞等原因，生产部门负责人将根据原因提出相应的完善和优化请求，编撰成报告通过服务网络通信通道传输至财务管理部门；财务管理部门负责人认真审核报告，并在职能范围内做出判断和决策。

控制信息运行如下：用户平台即财务管理部门（负责人）以生产部门提交的优化请求为依据，考量审查，优化存货管理，如修订存货的财务管理制度，完善和优化业务流程，设立存货管理会计岗位监督相关制度，并通过服务网络通信通道将控制信息传送至生产部门负责人处；生产部门接受存货管理会计人员的审核和监督，并按要求着手对存货实物进行相关的组织、协调以及现场监管，其指令通过传感网络通信通道传送至对象员工；对象员工接收控制信息后，完成盘点、收货、转移等具体工作。

(2) 小闭环和内闭环运行。在存货管理中，生产部门负责人获得财务管理部门的授权，当收到存货管理人员的闲置存货报告时，根据具体问题进行研究判断，在存货管理会计人员的监督下，转移闲置存货，形成管理平台控制的小闭环信息运行；同理，其他各平台管理者被授权后，在职权范围内进行决策，可能形成传感网络平台控制的小闭环信息运行以及服务平台控制的小闭环信息运行。

在存货管理中，如对象平台中的存货管理人员能够按时汇总盘点存货数据并填写存货盘点表，主动发现盘点中的存货遗漏，总结遗漏原因，等等，则实现对象平台内闭环运行。

(五) 智慧工厂环境与安全管理职能物联网

1. 智慧工厂中的环境与安全管理职能

工业企业在经营过程中，不仅要实现自身的生存与发展，还需兼顾社会效益，履行企业社会责任，承担对客户、社区和环境的责任。其中环境问题是较为突出的，其特点在于范围广、持续时间长。

同时，环境管理与安全管理密不可分，环境污染势必影响员工的安全与健康，因此许多企业通常把环境、健康和安全统一于EHS体系（环境、健康和安全三位一体的管理体系），进行系统性管理。环境与安全管理职能的履行需要遵循国家的一系列法律法规，如《中华人民共和国环境保护法》《中华人民共和国大气污染防治法》《中华人民共和国水污染防治法》《中华人民共和国固体废物污染环境防治法》《中华人民共和国环境噪声污染防治法》《中华人民共和国环境影响评价法》《建设项目环境保护管理条例》等，规范了企业应遵循的爱护环境的职责；《中华人民共和国安全生产法》《中华人民共和国突发事件应对法》《国家安全生产事故灾难应急预案》《中华人民共和国消防法》等，规范了企业对员工及周围人员、财产安全的责任。

2. 智慧工厂环境与安全管理职能物联网的信息运行

下面以环境与安全管理中的安全生产管理为例分别阐释智慧工厂环境与安全管理职能物联网的大闭环、小闭环以及内闭环的信息运行。

（1）大闭环运行。感知信息运行如下：生产人员在进行安全检查时，发现生产中存在安全隐患，如劳动防护设施和劳动保护用品未得到正确使用等，将通过传感网络通信通道立即上报至生产部门负责人处；生产部门负责人通过询问、调查，了解到劳动防护设施和劳动保护用品未得到正确使用的原因在于缺少安全培训和安全说明等，然后通过服务网络通信通道将问题及其原因汇报给环境与安全部门；环境与安全部门负责人了解到相关汇报内容后，在职能范围内做出判断和决策。

控制信息运行如下：用户平台即环境与安全部门（负责人），以生产部门汇报的情况为依据，提出相关解决方案，如开展安全生产培训，加大安全生产的督查工作，通过警示标语说明设施安全使用规范以及劳保用品的正确使用方法等，并通过服务网络通信通道将控制信息传送至生产部门负责人处；生产部门负责人通过服务网络通信通道收到来自环境与安全部门的控制信息，积极安排相关人员参与培训，配合环境与安全部门的督查工作，以及将警示标语粘贴或安放至合适位置等，并将以上工作安排通过传感网络通信通道传输至对象平台中的员工；对象平台中的员工接收到控制信息后，完成安全培训、粘贴标语、安放标牌等具体工作。

（2）小闭环和内闭环运行。在安全生产管理中，生产部门负责人获得环境与安全部门的授权,根据具体问题在一定范围内可自行判断和决策。如当有新增或自制机械设备时,由本部门审查设备的安全技术规程与安全操作规范,在符合安全技术要求的情况下,决定投入生产使用,形成管理平台控制的小闭环信息运行。同理,其他各平台管理者被授权后,在职权范围内进行决策,可能形成传感网络平台控制的小闭环信息运行以及服务平台控制的小闭环信息运行。

在安全生产管理中,如对象平台中的一线员工在安全事故未发生时,通过分析、判断,注意到各种事故可能发生的苗头,把事故消灭在萌芽状态;在安全事故发生时,果断处理,及时向上级报告,并严格保护现场,做好详细记录,则实现对象平台内闭环运行。

第三节 智慧工厂授权业务物联网

智慧工厂工业物联网中的授权业务物联网是基于直接处理生产制造业务的需求而形成的子物联网,该物联网中各平台的形成和运行都是基于公司规章制度(如岗位要求、生产作业规范)或明确的行政指令授权(包含长期、稳定的授权与临时、突发的授权)。

生产制造涉及多个工序和环节,牵涉多个部门,明确的业务授权机制能够使生产制造的管理更加高效。

一、智慧工厂授权业务物联网的结构

除了内含行政业务物联网的层级规定外,智慧工厂授权业务物联网中的部分规章制度或行政指令来源于公司职能的规定,即授权业务物联网中的一些业务须对应相关职能,受到职能机构的管辖。因此,授权业务物联网的结构与职能物联网相似,可分为两种情况(见图3-7)。

各(部门)业务授权者及管理系统处于管理平台,为智慧工厂授权业务物联网的情况一,多在企业统筹生产业务的阶段运行,运行频率较低;各(部门)业务授权者及管理系统处于用户平台,为智慧工厂授权业务物联网的情况二,多在各部门具体执行生产相关业务的日常业务活动中运行,运行频率较高。

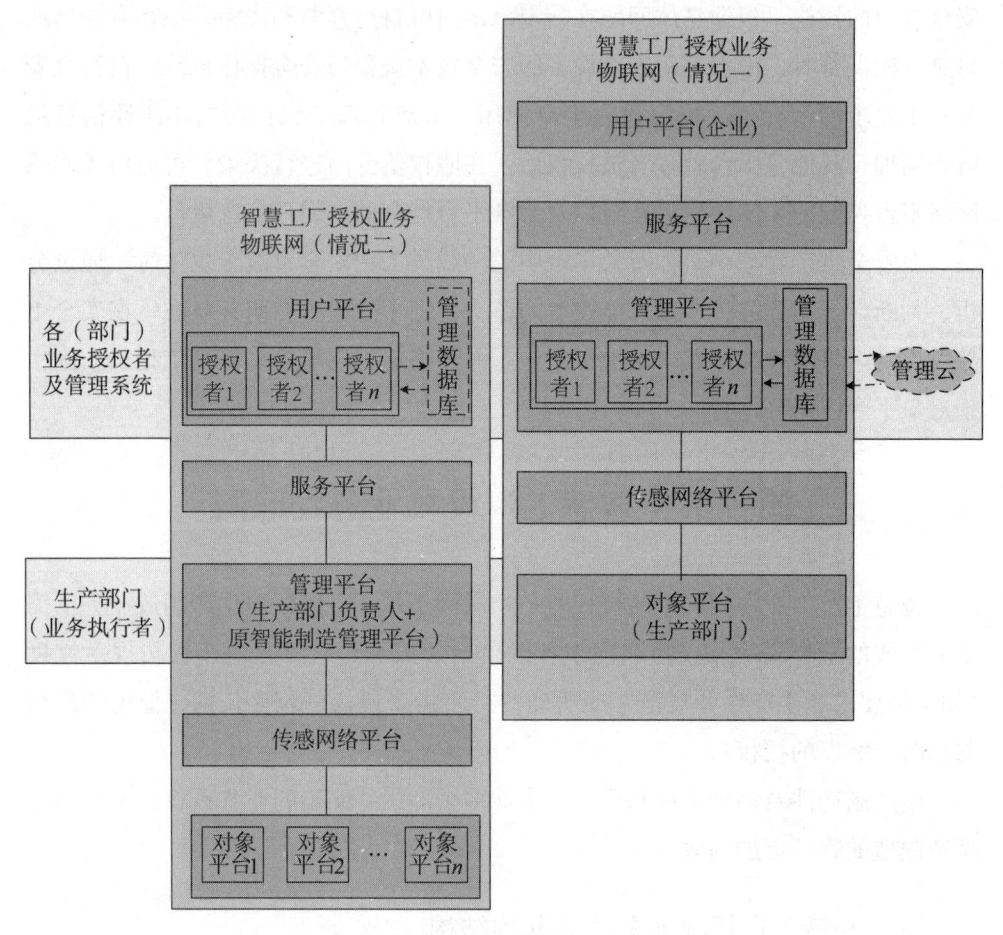

图 3-7 智慧工厂授权业务物联网

注：虚线表示该结构可能不存在，是否设置管理数据库、是否接入云平台视具体情况而定。

（一）企业层面对工厂业务的授权管理（情况一）

智慧工厂授权业务物联网的情况一，是企业层面对工厂业务的授权管理体系。

在这种情况下的授权业务物联网中，用户平台为企业管理层，企业层面的生产业务领导人对生产经营中的重大事项进行决策和授权，如制定生产与运作战略、统筹生产与运作系统的设计、整体布设生产服务设施、决定产品开发和工艺流程的选择等关键事项。

管理平台是各（部门）业务授权者及管理系统，每个（部门）业务授权者均为管理平台中的分平台,如本章第二节所述的人力资源管理、质量管理、财务管理、环境与安全管理等常见职能部门担任相应业务的授权者,对生产过程中的人员、质量、财务、环境与安全管控等事项进行授权安排,统筹生产过程中涉及的相应事项管理标准、权限和负责人等。管理平台内部既可以是平行分布的各个功能分平台,也可以统一接受某个生产业务总管理者的调配(如用户平台是总经理,总经理授权分管领导负责生产相关的一切事务,则该分管领导统筹各部门的业务授权者),设置一个总的管理数据库,借助管理数据库进行数据的集散、分配和处理;根据对管理信息的处理需求,管理平台也能选择是否在外部接入管理云平台。

对象平台是生产部门,由该部门的业务执行者处理具体业务。

服务平台和传感网络平台分别由服务通信实体和传感通信实体组成,在管理平台与用户平台、对象平台之间搭建通信桥梁。

(二)各部门对工厂业务的授权管理(情况二)

智慧工厂授权业务物联网的情况二,是各(部门)业务授权者及管理系统对生产业务的协同操作体系,负责具体拟定总生产计划,执行生产作业计划与控制,管理订单、项目及库存等事项,把控生产与运作系统的常规维护和改进,等等。

在这种情况下的授权业务物联网中,各(部门)业务授权者及管理系统是用户平台1,2,3,…,n,分门别类对生产业务进行决策。生产部门管理者及管理系统(包括智能制造工业物联网的原用户平台——生产部门负责人以及原管理平台——智能制造管理平台)是管理平台。生产部门的业务执行者(技术工人及设备)分别是对象分平台1,2,3,…,n,执行工业制造的感知和控制任务。服务平台和传感网络平台分别由服务通信实体和传感通信实体组成。

二、智慧工厂中常见的授权业务物联网及其运行

生产过程需投入人力、财力、物料、设备、技术、方法、信息、能源、土地和厂房环境等资源,即常说的人、机、料、法、环、测六大要素。要将多种要素高效且合理地配置起来,用尽可能小的成本、在合适的时间向市场提供质量更优的产品和服务,便需要运行可控的授权业务物联网。

生产管理的主要任务有：(1) 进度管理，包含生产计划和控制管理、物料和供应链管理等重点业务；(2) 质量管理，包含质量控制和检验管理、信息技术（IT）部门技术支持等重点业务；(3) 成本管理，包含人力资源和培训成本、订单回款、售后服务成本、市场营销成本管理等重点业务。以下对智慧工厂工业物联网中常见的授权业务进行阐述。

（一）生产计划和控制管理

生产计划和控制管理是生产制造业务流程中的关键环节，更是智慧工厂的核心业务之一。在明确的生产流程规范下，生产部门根据市场需求、订单情况和资源情况，利用智能生产计划工具及设备进行生产调度和优化，确保生产活动高效运行，此时主要运行情况二的授权业务物联网。

在该授权业务物联网中，具有公司明确授权的市场部门和其他订单获取部门等是业务授权者，担任用户平台。生产部门负责人与其负责的智能制造管理平台负责生产调度，担任管理平台。各生产线上的设备及技术工人对生产任务进行操作和最终控制，担任对象平台。

关于生产制造的感知信息从对象平台发出，经由传感网络平台、管理平台、服务平台到达用户平台，用户平台上的业务授权者——市场部门等了解订单的完成进度，做出市场响应和生产进度回馈，将感知信息转换为控制信息，并经由服务平台、管理平台、传感网络平台层层下达至对象平台，进一步加强生产控制。

生产过程中需要对设备状态进行实时监测，进行预测性维护和故障诊断，以减少停机时间并提高设备利用率。如设备维护机构是生产部门内部下设机构或生产设备维护流程已有明确授权机制，则生产设备维护业务由生产部门直接统筹，及时调用维护人员；如设备维护机构是独立部门，设备故障为突发事件，且设备维护业务暂无明确授权的统筹机制，则生产设备维护属于生产部门与设备维护部门的关联业务，在智慧工厂工业物联网中的关联物联网内运行。

（二）物料和供应链管理

物料和供应链管理是支撑生产计划和控制业务顺利进行的基础。

在物料采购阶段，采购或供应部门负责与供应商建立数字化供应链，监测库存水平，并通过智能预测进行物料采购，通常属于生产部门与采购或供应部门的关联业务。在物料使用阶段，生产部门按需合理配置各生产线物料以保障生产进度，主要运行情况二的授权业务物联网。在产品交付阶段，仓储和物流机构利用智能系统实现仓储和物流过程的自动化管理，实时监控货物位置和状态。如仓储和物流机构是生产部门内部下设机构，则由生产部门直接管理，运行情况二的授权业务物联网；如仓储和物流机构是独立部门，且产品仓储和物流不存在明确授权的统筹机制，存储和运输成品则属于生产部门与仓储和物流部门的关联业务，在智慧工厂关联业务物联网内运行。

以物料使用阶段的业务开展为例，采购或供应部门担任该授权业务物联网的用户平台，将物料使用权授予生产部门；生产部门得到授权后，根据生产计划调用物料，担任管理平台；生产部门技术工人及自动化设备负责备料、上料并进行作业，担任对象平台。关于物料使用情况的感知信息从对象平台发出，经由传感网络平台、管理平台、服务平台到达用户平台，用户平台上的业务授权者——采购或供应部门了解到物料的存量，做出供货响应，将感知信息转换为控制信息，并经由服务平台、管理平台、传感网络平台层层下达至对象平台，进一步加强生产过程中的物料和供应链控制。

（三）质量控制和检验管理

质量控制和检验是把控产品质量的关键环节，直接反映生产成效。质量是产品的生命，因此质量管理对工业企业而言至关重要，是工业企业中的一个重要职能。

在质量监测和检验环节，质检部门在企业规章制度和相关法律法规的授权下履行质量管理职能，利用传感器、视觉识别和数据分析等技术，对生产过程中的产品质量进行实时监控和自动检测，减少人工错误和次品率，主要运行情况一的授权业务物联网。其中，企业管理层担任用户平台，进行质量的全局性把控；质检部门担任管理平台，统筹生产制造中的质量控制和检验事项；生产部门担任对象平台，执行相关质量标准和规定。

产品进入质量返工环节，则主要运行情况二的授权业务物联网。质检部门、生产部门（负责人及智能制造管理平台）分别担任用户平台和管理平台，技术工人及设备担任对象平台，确保返工返修以使产品质量达标。

在情况一、情况二的授权业务物联网运行中，感知信息与控制信息形成闭环。如需经过多道指令来执行多次质量改进工作，则运行多次信息闭环，直至质量达标。

在智慧工厂中，IT部门技术支持、人力资源管理、成本管理等业务需要生产部门和其他部门密切合作、协同配合，对此将在关联业务物联网中阐述。而关联业务物联网与授权业务物联网之间并无鸿沟，两者可以相互转换：关联业务中的任意两个部门之间通常具有大致相等的权责，并且业务较为错综复杂，难以明确授权一个业务统筹者；但当某一业务可以区分明确的统筹者、关联部门所拥有的权责和资源有较大差异时，企业便可以优化业务流程，将关联业务转化为授权业务，减少部门间的沟通成本，提高运营效率。

第四节　智慧工厂关联业务物联网

除了明确授权的业务之外，智慧工厂工业物联网中的生产系统还存在许多与其他部门相关联的业务，其中既有强关联业务，也有弱关联业务。设备维护、物料和供应链管理、质量管理、IT部门技术支持等是强关联业务（往往有一些已经转化为授权业务），在生产过程中发挥重要作用，常常可以并入生产部门的组织权责中；市场分析、人力资源管理、成本管理等是弱关联业务，可以在工业生产过程中弹性化处理。

一、智慧工厂关联业务物联网的结构

生产部门所开展的关联业务，既可能由企业管理层发起，也可能由关联业务部门或自身发起，因此生产部门可以担任关联业务物联网的对象平台、管理平台或用户平台，这就存在三种情况，其结构如图3-8所示。

（一）生产部门执行和管理工业生产关联业务

关联业务物联网情况一和情况二的结构与授权业务物联网基本一致。在情况一中，企业层面发起涉及多部门的临时性重大任务，各关联部门相互配合，各自发挥管理分平台的作用，生产部门则作为执行者，在各部门的规划和要求下落实这一重大任务。在情况二中，各关联部门基于实际生产需要、企业发展战略等发起关联业务，生产部门统筹管理，在部门内贯彻落实相关业务。对布设总的管理数据库和外接管理云平台的需求与本章第三节"智慧工厂授权业务物联网"类似，此处不再阐述。

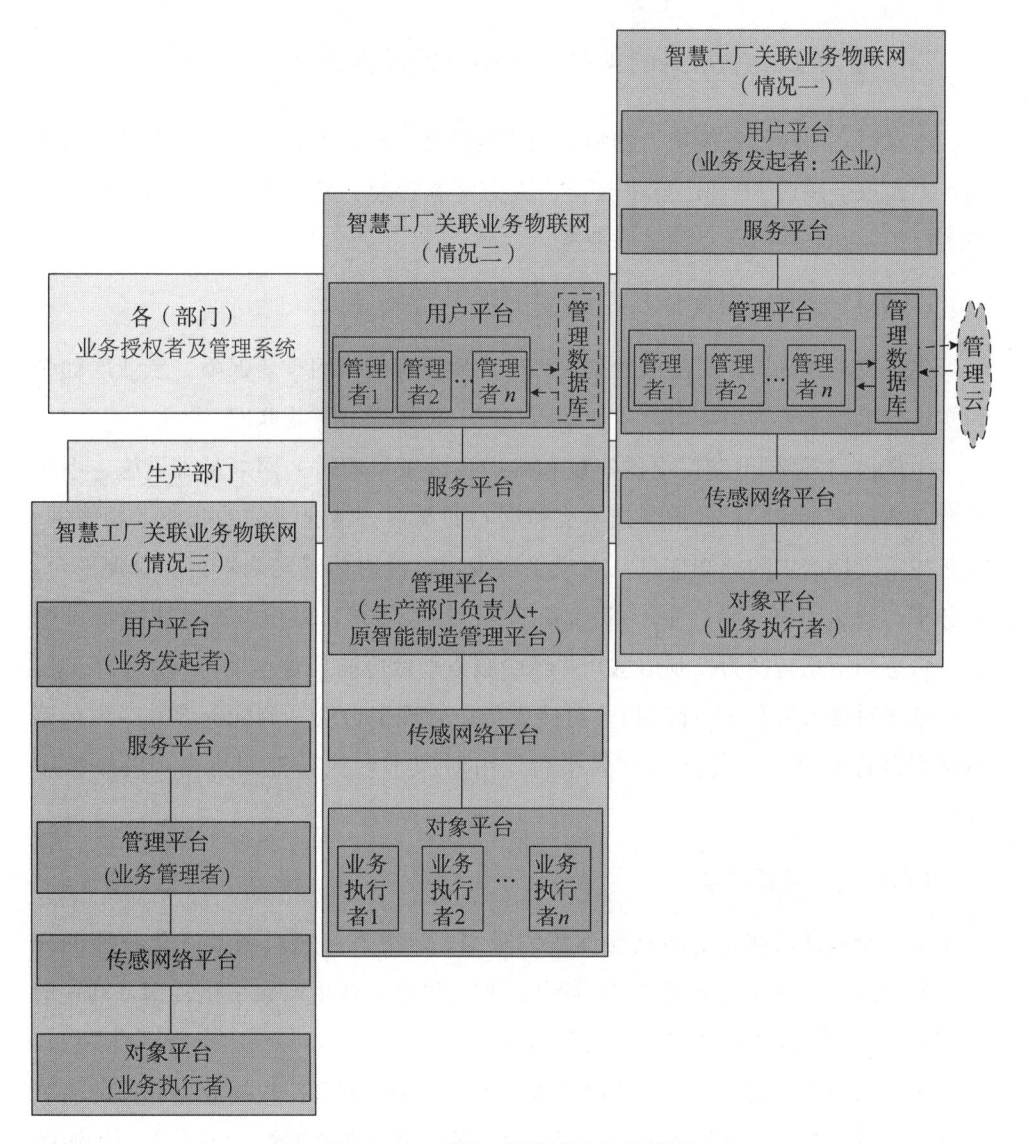

图 3-8　智慧工厂关联业务物联网

注：虚线表示该结构可能不存在，是否设置管理数据库、是否接入云平台视具体情况而定。

（二）生产部门发起工业生产关联业务

关联业务物联网的结构与授权业务物联网的结构的不同之处在于情况三。生产部门可以根据生产实际情况发起关联业务，担任用户平台；生产部门或其他部门管理者担任管理平台，协同工作，组织和调配相关人员执行业务。

二、智慧工厂中常见的关联业务物联网及其运行

本章第三节对设备维护、物料和供应链管理、质量管理等强关联业务已有阐述，下面重点阐述IT部门技术支持、人力资源管理、成本管理、市场分析等智慧工厂工业物联网中常见的关联业务。

（一）IT部门技术支持

先进技术和优质产品的研发是提高生产质量和效率的重要保障。企业层面统一实施技术改造重大事项时，主要运行情况一的关联业务物联网。

生产部门需要IT部门提供建设和维护智慧工厂所需的网络基础设施、系统平台、数据安全和隐私保护等技术支持时，通常运行情况三的关联业务物联网。关于技术支持需求的感知信息从对象平台发出，经由传感网络平台、管理平台、服务平台到达用户平台；生产部门用户平台接收需求，做出调配技术资源的响应，将感知信息转换为控制信息，并经由服务平台传输至管理平台——生产部门中的技术对接人员及IT部门相关对接人员；管理平台统一调配资源并经由传感网络平台将控制指令传达至对象平台，由对象平台执行控制指令，解决技术问题。

（二）人力资源管理

人力资源部门在企业战略层面规划吸纳、培养和考核具备数字化技能的人才，制定培训计划并提供智慧工厂操作培训，推动工业生产数字化转型，其一般运行情况一和情况二的关联业务物联网。

生产部门发出用人、调岗或培训等需求，人力资源部门根据业务部门的需求招聘、调整、匹配、培训人才，运行情况三的关联业务物联网。关于人力资源的感知信息从生产部门对象平台发出，经由传感网络平台、管理平台、服务平台到达生产部门用户平台；用户平台做出联络关联部门的响应，将感知信息转换为控制信息，并经由服务平台、管理平台、传感网络平台层层下达至对象平台，为对象平台解决用人问题。

（三）成本管理

工业生产中的人员、物料、技术、设备、信息获取等均涉及成本，对生产成

本进行合理控制，才能有效增加工业企业的利润，促进企业的发展。

工业生产的管理人员和技术工人等均为生产技能人员，而非财务管理专业人员，因此关于成本的专业化管理需求往往由财务部门发出，通常运行情况二的关联业务物联网。

（四）市场分析

产品销售是产品的"惊险的跳跃"，产品只有销售出去并得到使用才算是实现了产品的使用价值。因此，进行市场分析、制造市场需要的产品成为制定生产计划的前提。

市场分析为市场部门和生产部门的关联业务，通常是市场部门的授权业务，生产部门有市场数据分析和决策支持的需求时可以发起该关联业务。

第五节　智慧工厂自组物联网

智慧工厂自组物联网是一种用于处理不在业务范畴及行政职责内的事务的智慧工厂工业物联网，依靠企业员工个人责任感和能动性形成，具有临时性、高效性、随机性特点，其结构与职能物联网、授权业务物联网、关联业务物联网的结构相比有较大差异，也比行政业务物联网的结构简单。其目的在于形成更加高效的智慧工厂工业物联网，促进企业中各类事项的有序处理和圆满完成。

本节将对智慧工厂自组物联网的需求与组网、结构与功能、信息运行方式与效果进行阐述。

一、自组物联网的需求与组网

智慧工厂自组物联网，即企业员工自发形成的智慧工厂工业物联网，与智慧工厂工业物联网中的行政业务物联网、职能物联网、授权业务物联网、关联业务物联网不同，其不与企业员工目前所处的行政层级、职能、业务相联系，而是由企业员工（指公司所有员工）因企业在生产运营等环节突发某种特殊情况或发生某些特定问题，依据个人经验或常识判断，以迅速处理或解决这些潜在的可能会损害企业利益的情况或问题为目的而建立的一种智慧工厂工业物联网。这种自组网形式的智慧工厂工业物联网，在智慧工厂工业物联网现有的行政业务物联网、职能物联网、授权业务物联网、关联业务物联网四种网中，无法匹配到已有的智慧工厂工业物联网与其相对应。智慧工厂自组物联网是以及时处理事件、解决问题为目的，由员工自发组建，基于员工的主导性需求以及事件的内容和性质，由员工个人作为用户平台，继而确定管理平台、授权管理平台，选择特定对象为其服务的组网过程。

智慧工厂自组物联网一般都是临时组建而成的，待情况、事务处理完毕或问题解决后就会解散，但某些情形下，亦可在事务完成或问题解决后，根据其是否符合国家法律法规、是否符合公司的规章制度以及是否满足公司业务发展需求等因素，进行综合考量进而决定其是否需要纳入智慧工厂工业物联网中的关联业务物联网、授权业务物联网、职能物联网或是行政业务物联网。

智慧工厂自组物联网的建立，依靠的是员工对企业工业互联网中涉及的智能制造、生产运行和管理等各个环节中存在的客观规律的经验总结（即常识），员工对遇到的事务和问题进行分析研判，寻求相应的处理和解决方案。

智慧工厂工业物联网中的自组物联网根据处理和解决方案的复杂程度及功能，其结构可分为单体自组物联网、复合物自组物联网、混合自组物联网三种形式，与第二章介绍的智能制造工业物联网的结构相似。

自组物联网的单体自组物联网常用于进行逻辑关系清晰、较为简单的事务的处理，是一种相对高效的智慧工厂工业物联网，其特征是单体自组网中每个平台均不具备分平台，即一个平台内仅存在一位员工，便能处理完该项事务，例如某员工路过企业工作区无人会议室时，无须安排他人，在确认使用情况后，可自行关闭会议室的空调，以减少能源浪费。

当单体自组物联网无法完成复杂的任务或无法处理棘手事务时，员工可以尝试组合形成复合自组物联网。复合自组物联网的特征是5个功能平台中有1~4个功能平台是由两个或两个以上功能分平台组成的，是用户为了同时控制多项事务（这些事务可以是同类型的，亦可以是由多种类型组合而成的）、管理多个其他员工（这些员工可以是同部门的，亦可以是不同部门的）或多个部门而组建的。例如员工发现某项突发事务在现有的企业管理物联网中没有对应的管理物联网，于是其作为用户自主建立一个新的智慧工厂工业物联网，因事务内容涉及一个部门内同一类岗位多名人员或是一个或多个部门内的不同类别员工，且其中逻辑关系较为复杂，信息量较为庞大，处理流程较为烦琐，故采取复合自组物联网的结构形式进行运作。

随着企业规模扩大、人员增加、组织结构扩展、管理流程延长和信息化程度提升,复合自组物联网完成不了或解决不了的任务或问题,可由混合自组物联网来处理。混合自组物联网的特征是由两个及以上单体自组物联网或复合自组物联网组合而成,同一个员工可处于这些物联网中至少两个不同平台上。大多数情形下混合自组物联网、复合自组物联网可根据实际问题和情况,逐一细分、细化到单体自组物联网的结构形式进行处理,企业自组物联网的组建通常建议选用较为简单的直线式管理的单体物联网结构。对企业员工而言,单体自组物联网的逻辑更为简单,操作更为便捷,信息运行效率也相对较高,更方便员工自行组建和管理,进而能够及时高效地应对突发事件或紧急事务,起到补充完善企业管理流程及制度的作用。此外,通过该物联网的建立还可达到逐步完善其他类型的智慧工厂工业物联网的目的。本节下面将以单体自组物联网结构为主进行介绍。

二、单体自组物联网的结构与功能

在智慧工厂的单体自组物联网中,用户平台、服务平台、管理平台、传感网络平台、对象平台的结构如图3-9所示。单体自组物联网的用户平台和管理平台的主体是较为明确的,即员工个体,但由于自组物联网本身的特殊性,即为了

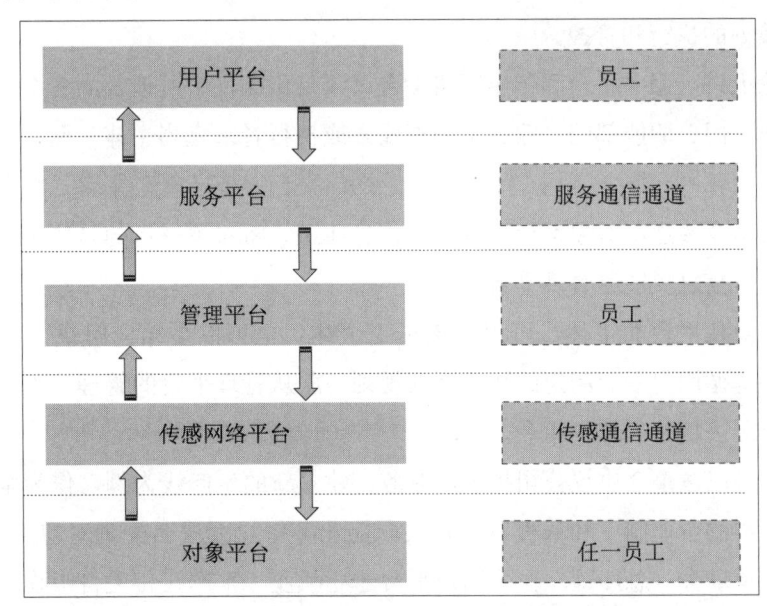

图3-9 智慧工厂单体自组物联网的结构

应对突发事务而自主形成的物联网，具有较强的灵活性和不确定性，所以管理平台、传感网络平台、对象平台的主体会根据事务内容和性质发生变化。

通常情况下，单体自组物联网的用户平台是智慧工厂工业物联网中信息的决策者、拥有者，其对企业具有责任感和归属感，并将责任感和归属感内化为行动力，成为需求产生的主体，进而主导单体自组物联网的组建，因此居于用户平台的员工个体，享有决定信息的收集、存储、使用以及信息闭环运行的方式等方面的权力，并承担提出需求、主导自组物联网的组建、提供信息和资源的义务和责任。

在单体自组物联网中，服务平台的功能主要是参与物联物运行，直接服务于用户平台，在用户平台和管理平台之间传递带有原则性、抽象性以及概括性的信息，其主体通常也是员工个体。

管理平台是由用户平台直接授权确定的，根据用户平台制定的规则，参与自组物联网的组建，协调自组物联网各平台之间的运行。在自组物联网中，管理平台通常由员工个人充当，该员工需要具备一定的分析、策划统筹、组织安排、指导协调和执行管控等方面的能力，能对用户需求进行分析，并将其转化为可供对象平台执行的明确工作内容，还要根据企业的组织架构、职能分工、业务划分找到对应的行政、职能或业务部门进行沟通，并对事件的处理进行有组织、有意识、有策划的执行和管控。

理论上讲，服务平台和传感网络平台可以是由事件中所涉及的各个节点上的相关行政部门、职能部门、业务部门责任人或执行者来充当主体。两者的功能十分类似，服务平台服务于用户平台，传感网络平台服务于管理平台，将明确、详细的信息指令传递给对象平台，并作为信息通道，将对象平台的具体工作执行和落实情况等信息反馈给管理平台。

居于对象平台的主体，可以是该员工个体，也可以是相应解决方案的执行者；需要遵循用户平台制定的物联网的规则，服从管理平台的管理，利用获取的信息和资源去执行具体的指令。

例如，以董事会决议公司扩展新业务、建立新的生产线为例，作为全新的业务，在原本的企业制度和章程以及相关职能业务中，无法匹配到对应的物联网，此时，由董事会（总经理）作为用户平台建立新业务生产线相关自组物联网，企业中高层作为管理平台，新业务生产线相关员工作为对象平台。

三、单体自组物联网的运行与效果

智慧工厂工业物联网中单体自组物联网的结构是稳定的，但各个平台的主体是不固定的，尤其是用户平台主体不会局限于管理层或者中高层，而是根据实际情况进行匹配，其主体内容较为丰富，但整体的运行方式都是在五个平台之间进行大闭环、小闭环和内闭环运行，即其运行方式与其他物联网类似。

1. 大闭环运行

针对某一事务从用户平台（员工）的需求出发进行分析，逐步拆解问题，并判断和选择各个平台的主体，最终形成感知信息传输过程和控制信息传输过程，这就是自组物联网的大闭环运行方式。

在自组物联网中用户平台通常是发现问题或提出需求的人，由服务平台在用户平台和管理平台之间进行双向信息传递，作为服务平台的员工，通过将用户平台的信息、资源以及需求汇总后传递给管理平台，如将事件发生时的环境、背景情况等信息汇总整理并传递出去，行使其在服务平台上的职能。

当信息传递到管理平台后，位于管理平台的主体通过分析用户平台的信息和各种资源，找到负责相关方面的职能人员等，对相关事件进行处理，并通过与用户平台沟通，了解其需求，跟进事件的处理进度。管理平台则对整个自组物联网进行项目管理和过程控制，梳理出对应的解决方案和实施步骤，再通过传感网络平台传递给对象平台。

自组物联网中的传感网络平台可以是员工个体，亦可以是负责相关工作的职能人员，负责将管理平台交办的具体工作信息传递给居于对象平台上的相关执行者。至此，便完成了重要的组网过程，将信息双向传递于各个平台上的主体之间。

新业务生产线的自组物联网进行感知信息的运行过程如下：居于对象平台上的相关执行者对信息源进行感知，例如，相关工作人员需要执行生产线的建立，匹配相应的技术方案、设备方案等具体事项；相关执行者草拟生产线方案，由传感网络平台将处理信息反馈给管理平台（中高层），管理平台将每个执行步骤进行汇总整理，并由服务平台筛选和简化信息，反馈给用户平台（董事会或总经理）。

用户平台做出决策，从而开启控制信息的运行过程：用户平台的决策信息经由服务平台传递给管理平台，管理平台进一步处理该指令，再通过传感网络平台告知对象平台，对象平台则执行该指令，对具体事项进行处理，解决问题，以此来满足用户平台的需求。如此便形成了一个企业自组物联网的大闭环。

2. 小闭环运行

小闭环运行，即在某个具体事项基础上形成的自组物联网中，信息不一定在五个平台中完成一次完整的运行，例如，有时可能会出现信息仅从对象平台到传感网络平台再到管理平台，从而形成小闭环运行形式。

在自组物联网中，处于管理平台的员工个人在得到传感网络平台汇总的详细的事务信息处理情况及对象平台具体的实施方案后，就可以授予对象平台具体的执行权力，该具体实施方案的相关信息则不需要通过服务平台上传到用户平台。用户平台无须知道对象平台主体具体是哪一位。诸如此类信息虽详细具体，但对整个事件的处理结果起不到关键作用，例如由董事会决议公司扩展新业务，建立新的生产线前需要进行数字模型模拟，需要建立数字模型对生产线产能进行分析作为判断依据，而作为用户平台的董事会或总经理则无须了解每一台设备的购买者或具体操作的工作人员是谁。该类信息只在对象平台到管理平台之间进行传递即可，这一运行方式就是小闭环。依此类推，还可以出现由对象平台到传感网络平台、服务平台以及直接作用于信息源的小闭环运行情况。

3. 内闭环运行

在企业自组物联网中，内闭环运行考察的是员工自身的分析判断能力，对员工自身的要求较高。以良好的用户平台内闭环运行为例，需要员工具备一定的专业性，能迅速及时地分析出问题的关键点，找到每个平台的主体，确认应协调的相关人员，清楚明确地提炼出内在需求，高效地组织并建立相应的物联网结构。

内闭环运行需要员工在其所在平台的内闭环运行中，时刻保持决策、管理、传输、感知和控制的意识以及较强的主观能动性，这是保证信息运行质量和企业自组网高效运转的基础。

虽然智慧工厂工业物联网中自组物联网通常是临时组建的物联网，但对象平台的执行步骤和方案，可以由相关业务部门汇总成对公司现有管理制度具有补充和完善作用的条例或规章，进一步完善智慧工厂工业物联网的管理职能相关的行政业务物联网、职能物联网、授权业务物联网以及关联业务物联网，促进智慧工厂工业物联网体系的高效运转，实现公司效益的最大化。

第四章
云制造工业物联网

随着云计算、大数据集成等技术的推广和应用，云制造成为服务与管理运营者以及众多工业企业为取得更大的规模效益而选择的新型发展方式，广泛覆盖工业企业内的制造与管理业务。云制造工业物联网通常由政府主导建设，以云平台的形式为属地企业提供信息传输、综合管理与增值服务等丰富的产品、服务和解决方案。工业和信息化部在《中小企业数字化赋能专项行动方案》（工信厅企业〔2020〕10号）中提出，要以新一代信息技术与应用为支撑，集聚面向中小企业的数字化服务商，培育推广符合中小企业需求的数字化平台、系统解决方案、产品和服务，助推中小企业上云、用云，提升中小企业专业化能力，从而推动经济高质量发展。全国各地也有越来越多的云制造相关政策与建设项目，推动云制造的落地实施。

云制造工业物联网是制造与云计算相结合的体系，包括智慧工业园工业物联网、智慧工业区工业物联网以及广域云制造工业物联网三类。其中，智慧工业园工业物联网与智慧工业区工业物联网为区域性云制造，是在工业企业聚集的一定范围内建立的云制造工业物联网；而广域云制造工业物联网是不受区域限制的云制造工业物联网。

第一节 智慧工业园工业物联网

工业园是指为适应生产专业化发展要求，在固定地域（其区位常常位于城市的边缘）建立的、主要由制造型企业和服务型企业形成的产业集群，也可能涵盖政府部门、社会组织等单位。该产业集群具有相对独立的管理权限，其厂房、服务或其他设施可供企业租赁，通过租赁或其他方式加盟的企业成为其成员单位，可获取设施、接受服务或者提供服务的机会，从而获得更大的环境效益、经济效益和社会效益。

智慧工业园则是传统工业园转型升级的重要目标，是工业园中生产要素数字化、生产过程自动化、现场控制智能化、系统服务集成化、业务管理信息化的体现。

一、智慧工业园工业物联网的形成

工业企业是智慧工业园中典型的制造型企业，其快速发展和竞争力的增强，往往离不开大数据资源和精准快捷的大数据处理结果，继而产生使用云平台获取计算能力、存储资源和信息服务的需求。不过，打造云平台需要大量强大的硬件支撑，如数量充足的服务器、广泛覆盖的宽带或其他网络，还需搭建机房来部署这些硬件，培养专业的技术人员来进行操作，这对工业企业而言意味着巨大的成本投入、不低的技术门槛和人员压力。因此，多数工业企业尚不具备独立搭建内部云平台的条件，转而寻求外部云平台的服务、资源以及计算能力支持。

智慧工业园中的服务型企业有一部分属于云平台运营者，它们对整个工业物联网进行统筹，负责中心计算，并且将智慧工业园中的工业企业作为管理和服务的对象，指导工业企业对自身内部的物联网进行管理和决策。

智慧工业园工业物联网由工业企业和云平台运营者之间的相互吸引与合作推动形成。不同企业对云平台的类型需求不一，从而与云平台业务各有侧重的运营者达成一致目标，形成各具特色的智慧工业园工业物联网。

（一）工业企业对云平台的需求

当今社会，信息的更迭和流转非常迅速。工业企业只有及时把握海量数据并准确而快速地进行运算、分析和决策，方能在数字时代的市场竞争中占据一席之地，适应数字经济的发展大潮。云平台（也称"云计算平台"）正是集成信息、打破信息孤岛的关键技术之一，能够满足工业企业大规模计算和海量数据处理的需求。

云平台分为传感云平台、管理云平台、服务云平台三种类型。传感云平台是实现传感通信的云平台，能够对巨大数据量级的传感信息进行传输和计算；管理云平台是实现信息汇集、统筹管理的云平台，汇集了云平台中的全部信息；服务云平台是实现服务通信的云平台，与用户直接通信。

1. 工业企业对云传感的需求

随着工业4.0的不断发展，工业企业完成一次生产制造任务需从设备上采集和传输的数据海量增加，它们只有以信息化为基础，实现信息化和工业化的融合，才能不断将人力从生产制造中解放出来，从而提高生产效率，减少生产误差，提高产品质量。这就要求工业企业的制造设备安装各类传感网络设施，尽可能达到实时采集和联网传输数据的要求，以信息化促进工业化的扩容增效。

数据的实时采集和传输离不开庞大而精准的传感网络，但这样高效运行的传感网络会给许多工业企业带来巨大的压力。其一是工业企业自身技术不足以支撑（在体量较小但又亟待扩大产能的工业企业中尤为常见），工业企业内部研发和管理传感网络的技术欠缺，尚未达到实际生产所需的水平，对自身的传感网络服务质量感到担忧；其二是企业的成本负担加重，无论是依据公司发展目标和现实需求购买大量传感网络设施并配备专业的传感网络技术人员来操作、维护和管理设施，还是购买和实施外部针对该企业专门设计的传感网络方案（即购买私有云服务，建立企业的专用网），都需要投入大量的财力、时间和人力。

工业企业为了既享受高质量的传感网络服务，又尽可能降低成本，转而选择云传感方案。传感云平台运营者打造具有强大算力的传感云平台，为工业企业提供专业且可靠的传感数据云计算服务，在协助工业企业降低传感网络技术使用门槛和成本的基础上实现规模效益的增加。

最终，工业企业对云传感的需求驱动其参与传感云平台运营者主导的工业物联网，两者共同致力于该工业物联网的平稳、有序运行。

2. 工业企业对云管理的需求

在传感网络平台采集、传输和简单处理数据的基础上，如何对数据进行有效管理成为影响工业企业运作效率的关键因素。目前工业企业对数据的管理通常由各业务或设备的管理人员基于协同管理平台来实现，他们收集、记录、整理、上传个人管理数据，发布企业管理现场的问题，发起协同管理申请，形成信息记录，以便于查询；其他相关人员亦可通过协同管理平台的端口查询、阅览信息。

这样的数字化、无纸化管理已经在较大程度上节省了信息传输时间，并实现了信息在一定范围内的共享，但其分析智能仍存在一定局限性——仅能依靠企业内部人员对企业自身信息进行分析，对于人员素质、人员参与数量的要求并不低。

工业企业面对海量数据，希望能进一步提升管理效能，达到妥善处理工业问题、精准分析以及快速反馈的效果，并且使需要掌握数据信息的人员都能及时且精准地获取数据信息。工业企业促进管理工作升级有两条路径：一是打造内部具有强大算力和反应迅速的管理平台；二是借助云平台运营者的智慧——采用云管理模式，如采购管理云平台提供的优质云管理方案，进一步打通传感云平台与管理云平台之间的信息通道。第一条路径较为费时、费力，需要长期投入。第二条路径则见效较快，能够在短时间内加速资源的整合优化，最大化数据效用，实现集约化管理，提升企业运营效能。因此，云管理模式被越来越多的工业企业采用，它依托管理云平台来实现。管理云平台能够根据用户的需求智能分配计算资源，对复杂信息与这些信息所承载的业务进行云计算[①]与管理，以满足企业不断增长的优化管理的需求。

3. 工业企业对云服务的需求

服务平台的运行情况能够影响到用户的反应速度、数据可靠性和决策精准度等，最终整体影响工业企业用户的体验感。工业企业为了更加方便快捷地获取优质的服务，便产生了对云服务的大量需求。

云服务依托服务云平台来实现。服务云平台提供的云计算内容包括信息认证、加密、过滤等，可防止虚假、未授权、冗余信息上传和下发，实现接口管理、防火墙规则管理、网络流量控制管理等，有力支撑用户的各项运维工作与决策。

4. 工业企业的组合型需求

工业企业根据自身的实际业务情况与组织架构等条件，会产生不同的云计算需求。除了单独接入和使用传感云平台、管理云平台或服务云平台的需求，还存在组合使用其中两种或完整云平台的需求。其组合型需求具体包含：对云传感和云管理的需求、对云传感和云服务的需求、对云管理和云服务的需求、对完整云平台（云传感、云管理以及云服务）的需求。

---

① 管理云平台的云计算内容有信息认证、解析、检索、统计、分析、分类、存储、备份、隔离等，同时能够实现对设备的管理，包括设施检索、设备注册和注销、设备调用等。

（二）云平台运营者的需求

云平台所依托的每个系统都需独立搭建，分别配置对应的服务器、存储设备、网络设备、数据库软件等。众多系统并存发展造成系统间设备复用率低、重复建设等问题，导致现有资源未能实现最大化利用。同时，多系统建设也使得企业所需购置的软硬件型号庞杂，加大了企业维护设备的难度。

云平台运营者凭借多年经验的积累，意识到创建具有集中化、多元化、专业化、模块化管理模式的云平台具有广阔市场前景，具有在任何地域提供一致的客户体验和统一管理企业中不同部门的多个资源池这一集成功能的云平台正是企业急需的产品和服务，能够为企业带来可观的收入，从而促使云平台运营者持续加大对云平台的资源投入和推广应用。

云平台的运营者包括政府、电信运营商、（网络）业务运营商、设备运营商和网络运营商等。[1] 不同运营者所运维的云平台各具特点，且需求有所差异。云制造工业物联网常常由政府主导建设，因此由政府担任运营者的云平台并不少见。政府运营工业领域的云平台，通常旨在提升一园、一区、一市乃至一国的工业总产值，打造产业优势，振兴区域经济。政府之外的云平台运营商则重视提升云平台的品牌价值，扩大消费群体，从而增加利润。电信运营商是指向一般公众提供电信基础设施和业务的公司，常见的有中国电信、中国移动、中国联通等向公众提供固定电话、移动电话和互联网接入业务的通信服务公司。（网络）业务运营商是指与网络服务相关的具体业务运营商，如依托网络提供各类应用软件或服务的公司。设备运营商是指为云平台搭建通信基站、提供通信设备等实体的公司。网络运营商是指自身无须申请频谱或建网，而是从电信运营商处批发网络容量，再用自己的品牌向最终用户提供网络（根）服务的公司，如提供域名服务的运营商。

二、智慧工业园工业物联网的结构与运行

工业企业根据自身业务运营情况，接入工业园中所需的云平台，从而产生双重身份——用户平台和对象平台。在微观视角上以工业企业为出发点，企业起主导作用，购买和接入云平台；云平台参与企业的工业物联网，为企业用户提供服

---

[1] 邵泽华. 物联网与云平台. 北京：中国人民大学出版社. 2021：20.

务——网内计算或网外计算，实现用户需求。在宏观视角上以云平台及其运营者为聚焦点，企业整体作为云平台运营者的对象，既使用云计算服务，又接受云平台运营者的管理，且接入云平台需要一定的条件或资质；云平台运营者对接入的工业企业进行统筹，起理务作用。

工业企业担任用户平台的情况在第一章第四节已有详细阐述，本章节具体阐述工业企业担任对象平台的情况，这些企业可参与由传感云平台运营者、管理云平台运营者、服务云平台运营者单独主导或组合主导的工业物联网，形成如下七种类型的智慧工业园工业物联网。

（一）以传感云平台为基础的智慧工业园工业物联网

1. 结构

以传感云平台为基础的智慧工业园工业物联网的结构如图4-1所示，企业的制造设备通过内部的传感网络平台与传感云平台（即传感云平台运营物联网中的传感网络平台）相连。该物联网是传感云平台运营者内部经营结构（称作"运营物联网"）与其理务对象——各工业企业相结合的产物。

在以传感云平台为基础的智慧工业园工业物联网中，对象平台是使用传感云平台理务功能的众多企业，即企业1、企业2至企业n。每个企业内部都是由用户平台、服务平台、管理平台、传感网络平台以及对象平台构成的工业物联网结构，该工业物联网可以是（复合的或混合的）智能制造工业物联网或智慧工厂工业物联网，智能制造是其最重要的业务。

作为对象的企业需具备基本的感知和控制功能模块，其传感网络平台尤其需具备接口、网关和网络等功能模块，以便及时采集和上传对象感知信息（如制造设备的智能检测信息、运行数据、异常状态预警和报警信息等）至传感云平台运营者，并快速执行控制信息。

除对象平台外，其余平台均由传感云平台的运营者担任。传感网络平台是传感云平台运营物联网内的传感通信通道，通常由有线/无线通信模块、网关、电信运营商通信平台（提供公用网或私用网）、传感网络管理平台（包括服务器、数据库）构成。其功能为分门别类地读取和云存储各工业企业上传的工业数据信息（如企业设备状态信息、设备质量信息、设备维护信息、设备故障诊断信息等），进行较为简单的管理（如数据排列、趋势图显示、极限值条件查询等基础的

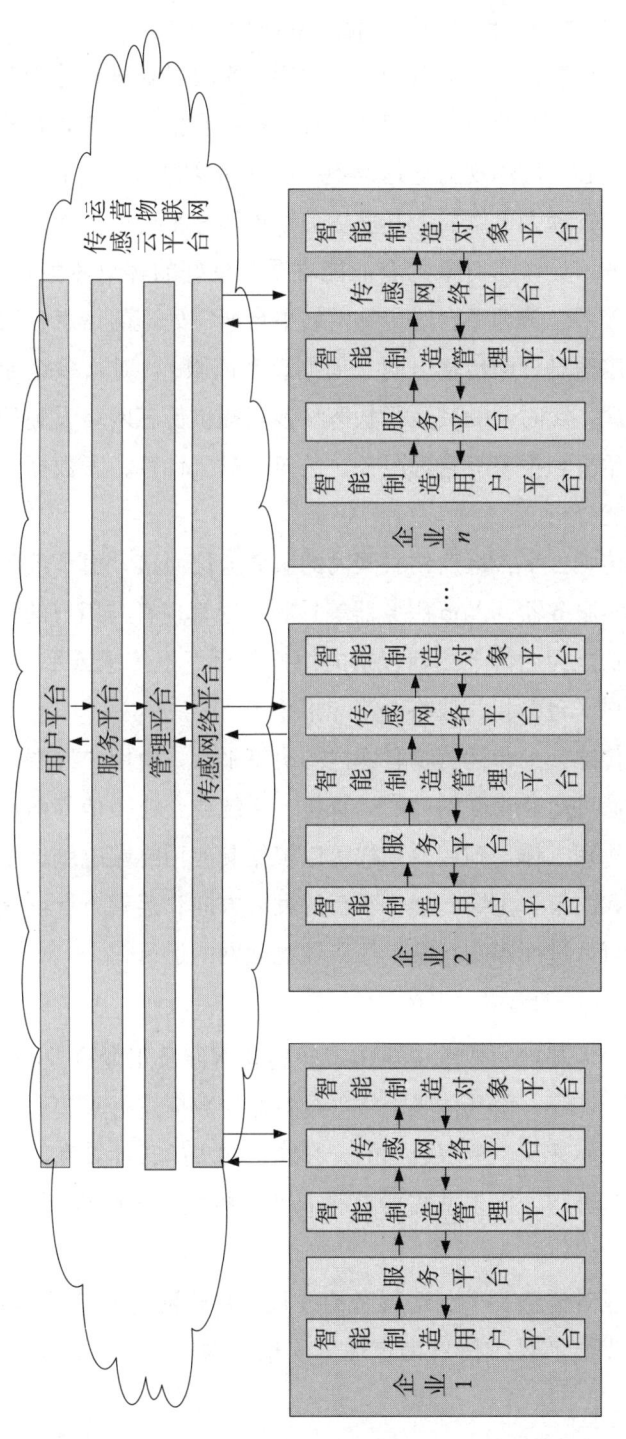

图 4-1 以传感云平台为基础的智慧工业园工业物联网

数据分析），并且与管理平台之间进行信息双向传输。

管理平台是对传感云平台运营物联网内用户平台需求进行分析和掌控，对传感云平台业务进行策划和统筹、组织和安排、指挥和指导、协调并管控具体执行情况的平台，其核心功能体现为远程设置、计算和管理。管理平台通常由多台管理服务器和若干名管理人员组成，其职责为根据用户平台的要求——提供能令工业企业满意的服务（让作为对象的企业能享受到良好的客户体验），从而与运营者形成良性合作关系。管理平台对传感网络平台所需处理的信息参数进行统一设置和管控，如设定信息自动传输时间、周期以及门限[①]，对众多企业的传感网络设施进行分组管理，实时监测其运行状态参数，提供传感网络设施的历史数据查询、维护、自动预警和报警等管理服务，甚至通过云计算、大数据筛查和比对进行更为复杂的智能分析。

服务平台是传感云平台运营物联网内的服务通信通道，由承载各项服务的服务器（如一些网站服务器、App服务器等）和联通管理者与用户的服务通信人员构成。该平台的功能为上传下达，包括向用户平台汇报传感云平台的运营情况、向管理者传达用户平台的相关战略决策和指令等。

用户平台是传感云平台运营物联网内的决策平台，由用户终端及其使用者构成。如管理平台通过运营物联网内的计算机、系统或企业微信等向用户发送相关管理信息、汇报管理工作，则用户同样可以根据其使用终端电脑、手机等获取的信息，做出判断和决策，主导传感云平台的发展方向和运营方针，这将影响运营物联网自身的运行，进而影响智慧工厂工业物联网的运行。

2. 信息运行

以传感云平台为基础的智慧工业园工业物联网涉及工业企业与运营者两方。工业企业进行边缘计算，由其传感网络平台对原始数据进行采集；传感云平台运营者所进行的是中心计算，负责数据的云存储、初步的云计算和简单的管理。传感云平台在对信息进行云操作前需要获得企业的授权，否则容易造成信息泄露、侵权等不安全事件。

（1）工业企业对传感云平台运营者的授权。物联网中的信息具有多重特性：信息客观性、信息真实性、信息确定性、信息准确性、信息完整性、信息实时

---

① 门限指某一效应的初始可观测点。超过这一点一般可触发报警。

性、信息有效性、信息安全性、信息私密性以及信息开放性。[①] 其中，信息的客观性、真实性、确定性、准确性、实时性主要依靠工业企业这一对象平台的感知能力及其与该物联网中其他平台的配合情况来实现，而信息的完整性、有效性、安全性、私密性、开放性则与企业对传感云平台运营者的授权紧密关联。

工业企业通过授权与传感云平台建立联系。由于授权有一定范围和约定，工业企业私有、受保护以及不能随意公开的信息或仅让云平台运营者享有的信息继续保持其私密性，对授权范围以外的信息进行获取、破解、篡改、销毁等操作都是非法的；企业允许对外开放共享的信息则保持其开放性，信息的私密性和开放性得以兼顾和平衡。授权后，传感云平台运营者从工业企业获取信息变得合法，运营者获取的信息均需进行认证，从而使信息的安全性得到了一定的保障；企业这一对象平台和传感云平台运营物联网中的传感网络平台之间的信息流转变得通畅，为信息运行形成闭环奠定基础，从而保障信息的有效性（信息能够有效地传输给目标，得到正确解析和执行）。而且授权越充分，传感云平台运营者所能获取的信息越完整，也就越能全面反映客观事实，有助于提升传感云平台的服务质量，帮助工业企业完善运营和管理。

企业在以单云平台为基础的智慧工业园工业物联网中，需考虑的授权程度、范围包括但不限于业务汇聚上行的数量、访问管理的权限、云存储的安全、云分析时的信息私密性与开放性等问题。

在用户平台决定将云传感通信职能全权授予（完全授权）或是在一定范围内授予（部分授权）传感云平台运营者的基础上，工业企业内的传感网络平台直接联通传感云平台运营者的传感网络平台，并及时将传感云平台运营者的指导意见和服务提示层层传输到企业内部。

在完全授权的情况下，企业将对象平台（制造设备）与传感网络平台（传感网络设施）之间、传感网络平台（传感网络设施）与管理平台（管理信息系统和物理实体）之间的传感通信统筹与管理工作交予传感云平台运营者，接受运营者的理务。

在部分授权的情况下，工业企业在技术和管理上听取传感云平台运营者的意见，提供其运营传感云平台所需的信息，但对于如何处理传感云平台与企业内部

[①] 邵泽华. 物联网——站在世界之外看世界. 北京：中国人民大学出版社，2017：73-83.

对象平台、传感网络平台以及管理平台之间的关系保留决策权和一定的主观能动性（其主观能动性在以运营者为主体时明显小于以企业为主体接入云平台的情况），并非完全将传感通信职能托管出去。

（2）工业企业边缘计算。工业企业内部对象平台、传感网络平台、管理平台、服务平台和用户平台进行的信息运行为边缘计算，相较于传感云平台运营者更为接近企业内工业物联网的物理实体。

边缘计算的信息运行过程为：从对象平台发出感知信息开始，该信息传输至传感网络平台后，基于企业对运营者的授权程度完全传输（完全授权情况下）或部分传输（部分授权情况下）至传感云平台，经过中心计算的信息再直接传输（完全授权情况下）或经由传感网络平台确认后传输（部分授权情况下）至管理平台，再传输到服务平台、用户平台；用户平台将感知信息转换成控制信息，该控制信息经由服务平台、管理平台传输至传感网络平台时，也需视授权程度传输到传感云平台，最终传输回对象平台，对象平台将控制信息用于自身的智能制造业务。

（3）传感云平台运营者中心计算。与边缘计算相对应，传感云平台运营者所进行的云计算称为中心计算。传感云平台运营者与企业内各种工业物联网的物理实体的距离远于企业，对企业的传感网络平台进行理务，提供云传感方面的管理和服务。

中心计算的信息运行过程为：企业内部传感网络平台将从制造设备中获取的感知信息传输至传感云平台运营物联网，信息在传感云平台内部经由传感网络平台、管理平台、服务平台到达用户平台，并在用户平台转换为控制信息层层传输回企业传感网络平台。

传感云平台运营者拥有众多理务对象，计算数据体量大，其信息体量与使用云传感服务的工业企业数量成正比。凭借海量信息作为支撑，运营者对企业的理务过程以及提供的技术指导、培训服务、运营方案等将更具有参考价值和精准性，能够帮助工业企业了解行业中众多企业的信息，做出更加切实可行的业务决策。

（4）信息运行效果。在传感通信过程中，工业企业边缘计算与云平台运营者中心计算相融合，产生"多个小脑＋一个大脑"的效果。"小脑"分担中心计算的压力，并且能更方便迅捷地处理工业制造信息；"大脑"则直接从企业的传感网络平台中集中获取边缘计算的基本结果，将零散分布的传感通信资源连接起来，在授权的前提下使企业共享云传感服务，并且规避工业领域传感云平台资源重复建设、内容分散等问题。

在为工业企业定制个性化的传感云平台（私有云）到逐步转变为接入规模化运营的托管云（混合云的一种）或公有云的过程中，企业只需购买少量必备设施，支付托管的成本费，甚至无须额外购买任何服务器等硬件设备、空间域名等传统软件设备，也不需要对软件进行维护和升级，便能获得所需的服务并有效控制传感云平台服务的成本。

（二）以管理云平台为基础的智慧工业园工业物联网

传感云平台或企业的传感网络平台对信息进行认证、过滤、加密等，管理云平台则在此基础上进一步发挥信息认证、解析、检索、统计、分析、分类、存储、备份、隔离等功能，并对设备检索、设备注册和注销、设备调用等方面进行管理。管理云平台的核心功能是为工业企业提供云管理功能，对众多企业的信息与这些信息所承载的业务进行理务，包括更智能化的计算、分析、处理和存储，以提高企业管理层的运作效率，为企业以及运营物联网内用户平台的决策提供不同的数据支撑。

1. 结构

以管理云平台为基础的智慧工业园工业物联网的结构如图 4-2 所示。其用户平台、服务平台、管理平台以及传感网络平台均由管理云平台的运营者担任，对象平台则由使用管理云平台理务功能的企业 1、企业 2 至企业 n 担任。

在以管理云平台为基础的智慧工业园工业物联网中，绝大部分物理实体布设在运营物联网内部，以支撑其开展云计算、云管理服务；只有极少数布设在企业，以便企业能够更及时有效地表达管理诉求、优化管理机制、落实日常管理工作。

众多工业企业因具有使用管理云平台服务的需求而参与进来，成为该智慧工业园工业物联网的对象平台。企业内智能制造管理平台直接连接管理云平台运营物联网中的传感网络平台。

2. 信息运行

在以管理云平台为基础的智慧工业园工业物联网中，工业企业的管理平台统

图 4-2 以管理云平台为基础的智慧工业园工业物联网

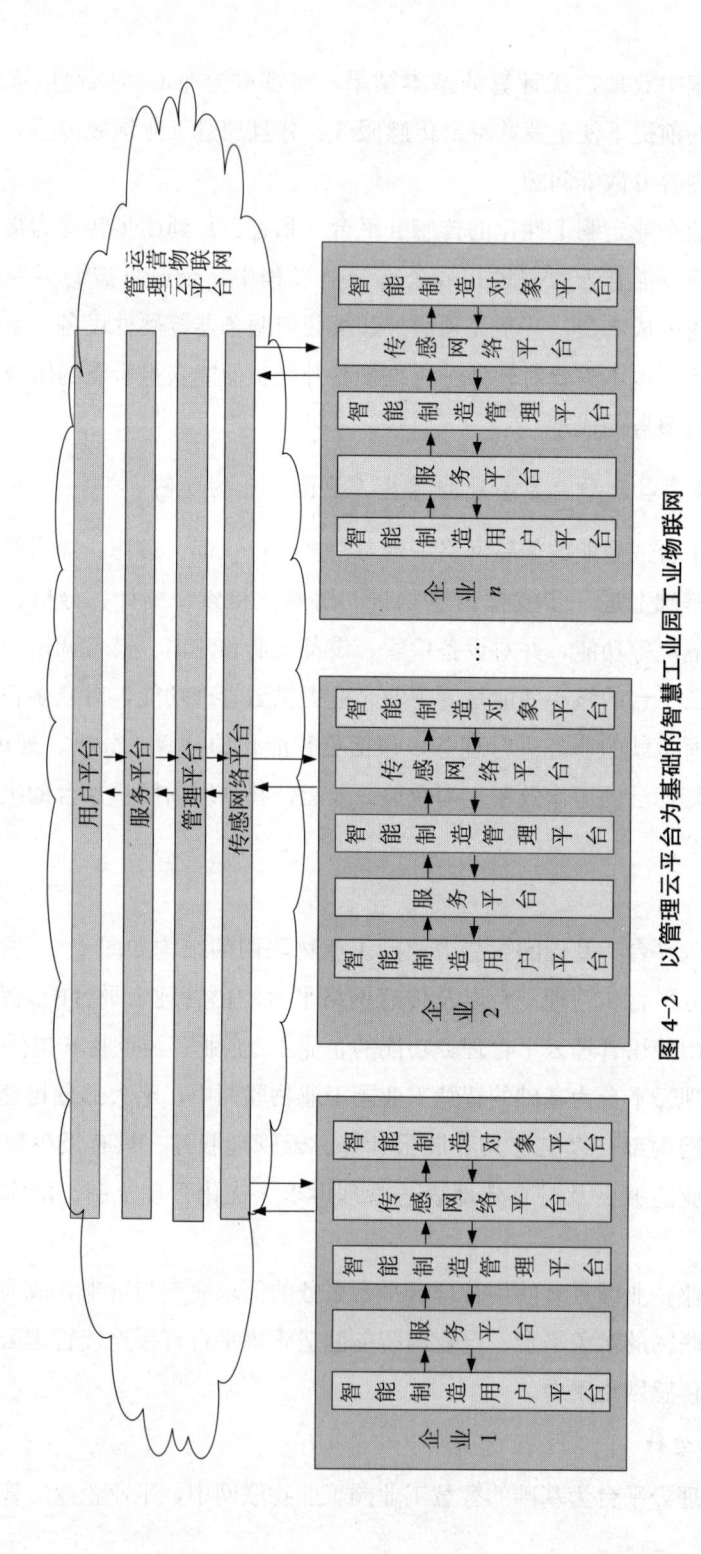

筹管理内部的信息,对信息进行筛选、分析和基础的处理,这一过程为边缘计算。工业企业通过授权将能够向运营者披露的信息传递到管理云平台,管理云平台则对获取的信息进行智能分析和全面、高效的云管理,这一过程为中心计算。两种运算同时进行,不断交互和迭代。

(1) 工业企业对管理云平台运营者的授权。授权是实现整个智慧工业园工业物联网有效运作的基本条件,由于管理平台对物联网的运行起着关键的统筹作用,因此工业企业对管理云平台运营者的授权至关重要,比工业企业对传感云平台和服务云平台运营者的授权更能影响全网的运行。管理云平台需要具备对工业企业信息资源的统一管控权限、不断推进资源管理和服务的标准化,才能更好地汇集、掌握并统筹智慧工业园工业物联网中的大量信息,实现信息的价值。

在授权过程中,与对待传感云平台一样,工业企业涉及如何确定授权范围、如何在运用管理云平台的基础上发挥企业管理的自主性,使自身仍然能够统一部署和监控企业的各类信息等难题;管理云平台运营者也面临如何纳管既有信息资源、平衡信息安全性与拓宽数据面等难题。

授权范围需适度,应在综合考虑下尽量达到信息十大特性尤其是信息准确性、完整性、有效性、安全性、私密性以及开放性之间的平衡。在工业企业保持一定自主性与运营者高效纳管既有信息资源方面,目前一些运营者采取的措施是:基于众多企业组织结构进行信息资源管理框架设计并在一定程度上保留企业自主增删和修改管理模块的自由度。这一措施需要运营者深入了解企业的部门管理、项目管理、人员结构与职责等,将企业内部组织结构同运营者的管理云平台架构相结合,形成适合众多企业的信息资源云管理方式。同时,企业也需予以配合,自主根据管理云平台设置的管理框架,选择是否让渡管理权力、如何执行管理指令,以最优化对企业内工业物联网的统一管理。

(2) 工业企业边缘计算。工业企业进行边缘计算的感知信息运行过程为:企业内工业物联网中的对象平台将重要信息经由传感网络平台、管理平台、服务平台上传至用户平台,其中用户平台对内授权给管理平台,由管理平台控制感知信息的流出率,使必须由管理云平台处理的感知信息得以到达运营者处。这一过程中,感知信息须在管理云平台运营物联网中经历一次中心计算。

工业企业进行边缘计算的控制信息运行过程为:用户平台将感知信息转换成控制信息传出,经过服务平台和管理平台传输至管理云平台,进行云处理后的控制信息再经由传感网络平台传输至对象平台执行。当然,由于整个工业企业均为管理云平台运营物联网的对象,如果管理云平台的理务效能相当高,并且企业已将管理工作全部授权于管理云平台运营者,则管理云平台所生成的控制信息可代替企业内的管理平台直接向下传输至传感网络平台和对象平台(同样,在感知信息运行过程中也可以直接向上传输至企业内的服务平台和用户平台)。

(3)管理云平台运营者中心计算。工业企业通过授权与管理云平台运营者达成合作,它们的共同目标是把简单留给企业客户,把复杂交由运营者解决。中心计算的信息运行过程为:企业将信息资源的申请、审批、部署、交付都交由统一平台——管理云平台集中处理;管理云平台运营者接收企业的感知信息,信息在运营物联网内各个平台间运行,转化为控制信息再传输回企业。

(4)信息运行效果。以管理云平台为基础的智慧工业园工业物联网将工业企业的线下网络规划(简称"网规")、部署、运维等管理工作迁移到云端,为企业提供从云网规、云部署、云运维到云安全的端到端全生命周期云管理服务,同时提供全面的云端自动化工具以及移动管理 App,促进管理云平台对工业企业实行一站式高效管理。

管理云化的过程,使管理云平台运营者得以实现统一运营、统一运维和集中资源管理,从而获得规模效益;也使工业企业能够将企业业务不断上云,将工业管理中的繁杂问题上移至管理云平台运营者处,由管理云平台基于大数据提供管理意见,从而提高管理专业性,共享同行业工业企业的管理智慧。

(三)以服务云平台为基础的智慧工业园工业物联网

服务云平台与管理云平台和传感云平台均基于云计算来实现功能,它们既有共性,又各有独特的优势。

1. 结构

以服务云平台为基础的智慧工业园工业物联网的结构如图 4-3 所示。该物联网的整体结构和各平台的具体构成均与前文所述的两种智慧工业园工业物联网相似,其不同之处在于该物联网直接与服务平台相连,位置更加靠近用户平台,便于集中获取大量工业服务信息。

2. 信息运行

以服务云平台为基础的智慧工业园工业物联网的运行同样以工业企业对服务

图 4-3 以服务云平台为基础的智慧工业园工业物联网

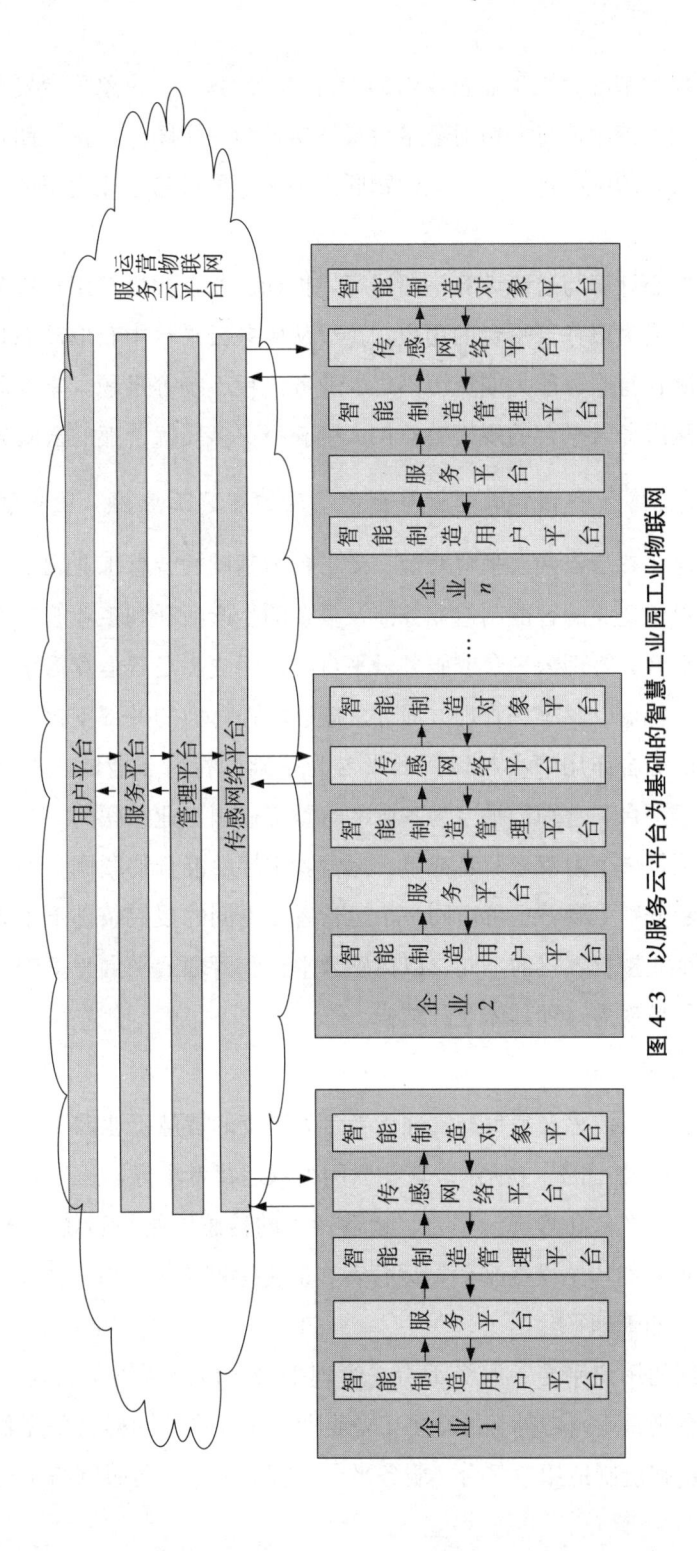

云平台的授权为基础,在工业企业内部进行边缘计算——对象平台发出感知信息至用户平台发出控制信息并由对象平台最终执行为一次闭环,这一闭环连接着服务云平台运营者的中心计算——运营物联网中四个平台与企业内服务平台之间的信息交互。

这样的中心计算与边缘计算不断运行,推动工业企业提升用户服务能力和质量。工业企业成为服务云平台的用户,持续从服务云平台中获取动态化、虚拟化的资源,解决自身服务能力或资源不足、业务流程不畅等难题,享受服务云化的便利,同时从服务云平台的规模效益扩大中获得更多质优价廉的云服务。

(四)以传感云平台和管理云平台为基础的智慧工业园工业物联网

企业也存在参与以两云平台乃至三云平台为基础的智慧工业园工业物联网的情况,这是由于企业的智能制造业务涉及复杂的生产活动和工业管理活动,单独使用传感云平台、管理云平台或服务云平台常常无法满足其运算需求。企业在基础信息采集、传输以及统一管理方面寻求能够增强算力的外部支撑,在云传感和云管理需求的综合作用下参与以两云平台为基础的智慧工业园工业物联网之一——以传感云平台和管理云平台为基础的智慧工业园工业物联网。

该物联网是一个由双运营者或单一运营者主导的混合物联网,即其运行可由不同的运营者分别主导,也可由同一个运营者在不同的授权条件下主导。根据运营者数量与企业授权方式的不同,以传感云平台和管理云平台为基础的智慧工业园工业物联网呈现为三种具体业务结构。

1. 双运营者主导

(1)结构。以传感云平台和管理云平台为基础的智慧工业园工业物联网第一种业务结构(a)如图 4-4 所示。该物联网由双运营者主导,运营者 1 和 2 分别负责运营传感云平台和管理云平台,运营者 1 的传感网络平台统一连接企业 1、企业 2 至企业 n 的传感网络平台,运营者 2 的传感网络平台统一连接企业 1、企业 2 至企业 n 的管理平台。

该物联网的用户平台、服务平台、管理平台、传感网络平台均在运营者内部,对象平台则是运营者外部的众多工业企业。企业内部同样具备完整的工业物联网结构,由智能制造用户平台、服务平台、管理平台、传感网络平台、对象平台构成。

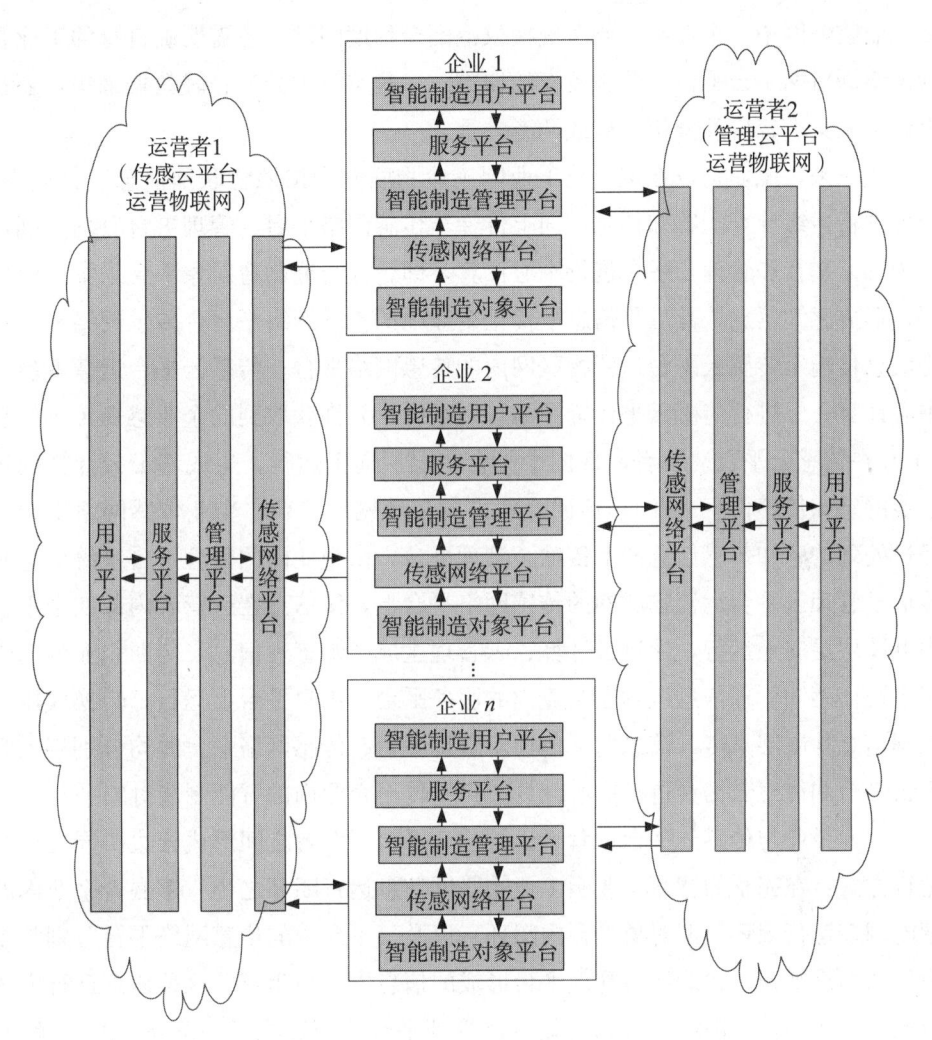

图 4-4　以传感云平台和管理云平台为基础的智慧工业园工业物联网（a）

注：传感云平台和管理云平台的运营者不同。

该智慧工业园工业物联网对象层的工业企业众多，涉及各个企业不同的经营管理模式、核心技术、商业秘密等，其中可以公开的信息进入公域，企业未公布的信息则进入私域，由企业自身使用或经由严格授权供部分合作者使用。

（2）信息运行。以传感云平台和管理云平台为基础的智慧工业园工业物联网的信息运行过程包含三个环节：授权、边缘计算和中心计算。

完成组网后，工业企业分别授权给运营者1和运营者2，与两个运营者分别就传感云平台业务和管理云平台业务开展合作。在以两云平台为基础的智慧工业

· 135 ·

园工业物联网中,企业除了要考虑授权范围与程度问题,还需明确自身的工业管理策略即对两个云平台运营者授权的比重——是重管理分析、轻数据采集,还是重数据采集、轻管理分析,抑或两者并重。

接下来,工业企业在该智慧工业园工业物联网中按照物联网信息运行规则,合理进行边缘计算。感知信息在向上传递至传感网络平台、管理平台时均分别接入传感云平台和管理云平台进行中心计算,即企业智能制造对象平台采集工业数据,形成感知信息,其后将信息上传至企业内的传感网络平台,传感网络平台再将信息传输至传感云平台运营物联网内的传感网络平台;传感云平台运营者启动中心计算——进行传感云平台资源池管理运维,允许获取到的企业感知传感信息(Ⅰ)在传感云平台运营者内部四个平台中层层向上运行,生成基于云计算的进一步的感知传感信息(Ⅱ),传回企业内的传感网络平台;企业传感网络平台将经过处理的感知传感信息向上传输至管理平台,由企业内的管理平台统筹信息并传输至管理云平台运营物联网的传感网络平台上,该信息在运营者内部四个平台中继续层层向上运行,通过云计算、云管理生成感知管理信息,传回企业内的管理平台。感知管理信息继续在企业内的服务平台、用户平台上运行,转换成用户控制信息并层层下传,信息向下传递至管理平台、传感网络平台时均分别接入管理云平台和传感云平台进行中心计算,再下传至企业内的智能制造对象平台。

工业企业与传感云平台运营者、管理云平台运营者之间形成云边协同的信息运行方式:在完整的智慧工业园工业物联网信息运行闭环之中,镶嵌着企业内的智能制造运行闭环(即对象平台内闭环)以及云平台中的传感网络平台分别与企业传感网络平台、智能制造管理平台形成的信息供应小闭环。这种信息运行方式相当于企业内传感网络平台和智能制造管理平台分别寻找了一位外部的云顾问,使平台本身能享受更专业的云计算、云传输与云管理服务,并在云顾问的指导下分别提升平台运营能力。

2. 拥有完全授权的单一运营者主导

(1) 结构。在以传感云平台和管理云平台为基础的智慧工业园工业物联网中,单一运营者主导的业务结构和双运营者主导的业务结构大体相同,仅在传感云平台与管理云平台能否直接通信、企业内工业物联网的传感网络平台与智能制造管理平台是否有必要直接互通信息两方面有所差异。

以传感云平台和管理云平台为基础的智慧工业园工业物联网(b)是单一运营者主导的第一种业务结构,该单一运营者获得企业的完全授权,其结构如图4-5所示。

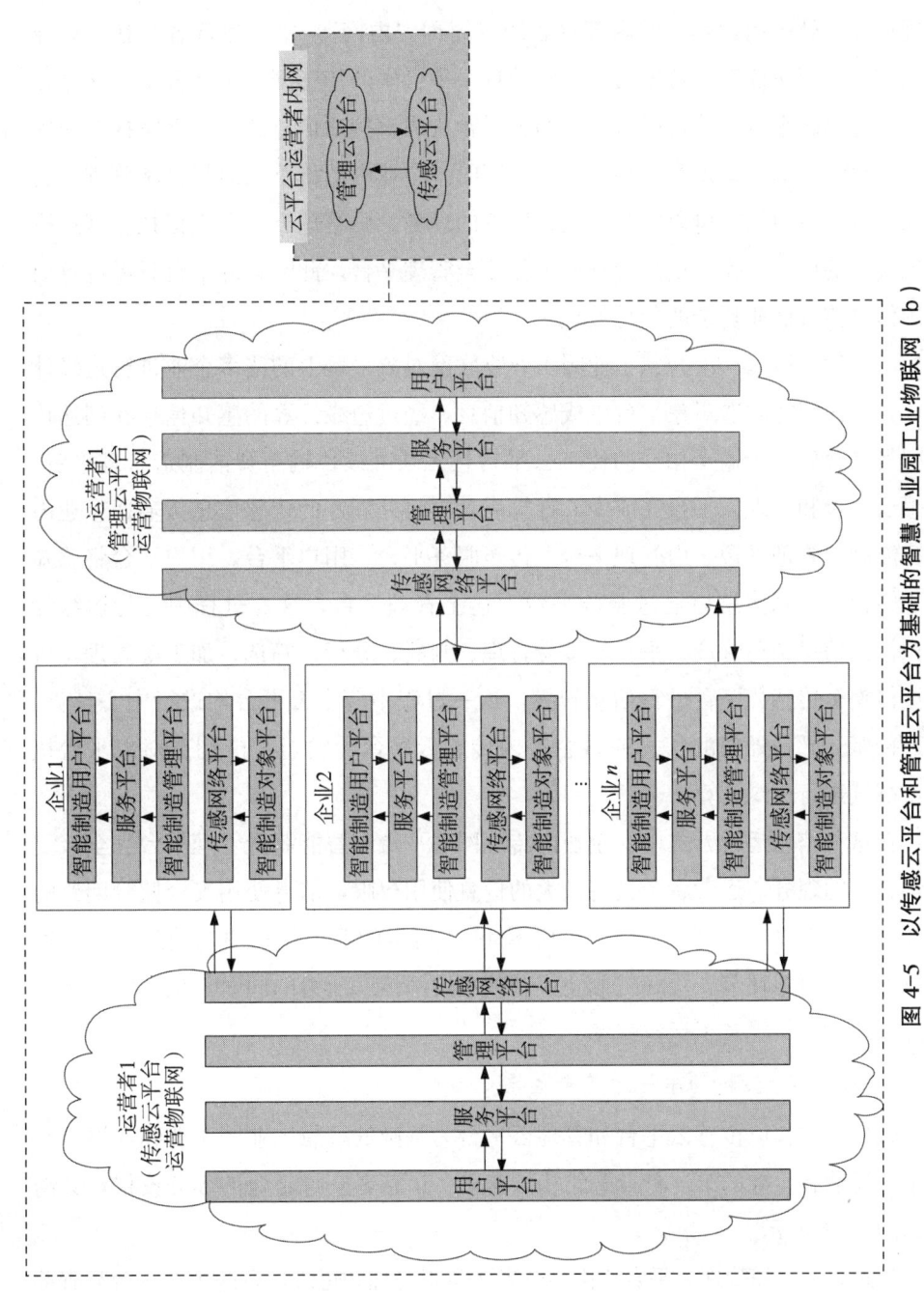

图 4-5 以传感云平台和管理云平台为基础的智慧工业园工业物联网（b）

注：传感云平台和管理云平台的运营者为同一家，企业完全由管理云平台托管。

在该智慧工业园工业物联网中,传感云平台和管理云平台均由运营者1负责管理运维,处于运营者1的内部物联网(简称"内网")中。运营者1在与企业达成完全授权协议后,传感云平台和管理云平台中的传感网络平台分别连接企业内的传感网络平台和管理平台,且两云平台构成直接通信通道,完全掌握企业内需要采集、传输、管理和运维的信息。同时,企业内的传感网络平台和管理平台无须进行直接通信,可以完全接受运营者的理务,由管理云平台直接托管需进行管理决策的信息,完成信息处理后再传输至管理平台,此时管理平台只需进行简单的信息传输而非复杂的信息处理。

(2) 信息运行。该智慧工业园工业物联网对象平台上的诸多企业进行边缘计算,企业内智能制造对象平台生成感知信息,经过边缘计算的感知信息在到达传感网络平台后,传输至相连的传感云平台且无须继续传输至智能制造管理平台。传感云平台和管理云平台完成中心计算后,再将处理好的传感信息传输回企业内的智能制造管理平台,由管理平台上传至服务平台、用户平台。用户平台将感知信息转换成控制信息后通过服务平台下达至管理平台,这一过程中进行边缘计算;控制信息到达管理云平台,接受管理、判断、分析、筛选、加工等处理,再直接传输至传感云平台进行信息转换,这一过程中两个云平台均进行中心计算。经过传感云平台处理的信息通过企业内传感云平台传输至智能制造对象平台执行,继续进行边缘计算。

在这种信息运行方式中,企业内传感网络平台和智能制造管理平台完全接受运营者1的理务,运营者1具备极大的信息使用权限,信息使用安全监管问题的重要性不言而喻。其信息运行过程比图4-4所示的业务结构更为简洁,在打通工业管理的薄弱环节、缓解工业企业管理和内部传感压力的同时,也大大缩短了信息运行时间,提高了运行速率。

3. 拥有部分授权的单一运营者主导

(1) 结构。以传感云平台和管理云平台为基础的智慧工业园工业物联网(c)是单一运营者主导的第二种业务结构,该单一运营者获得企业的部分授权,其结构如图4-6所示。

传感云平台和管理云平台均由运营者1负责管理和运维,且两个云平台只有部分授权,云平台之间不具备直接通信通道。工业企业仍需集中精力运作好内部的传感网络平台和智能制造管理平台,使传感网络平台与传感云平台之间、智能制造管

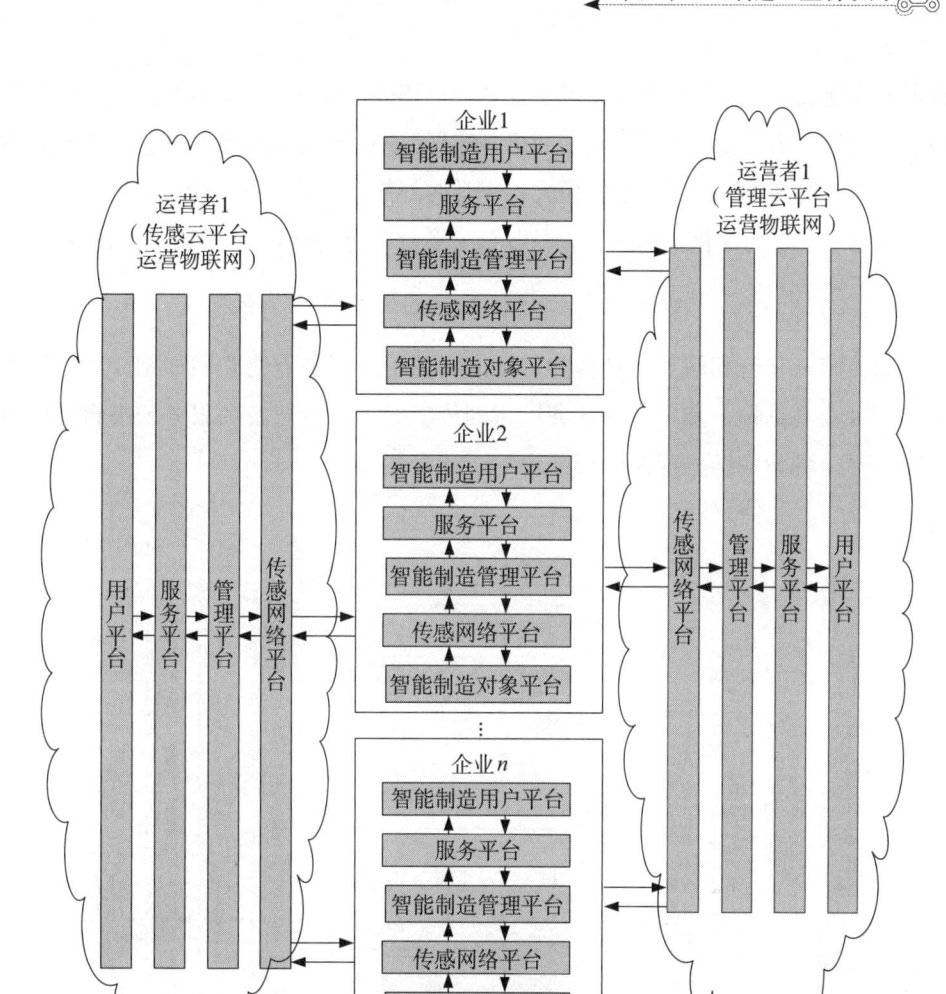

图 4-6　以传感云平台和管理云平台为基础的智慧工业园工业物联网（c）

注：传感云平台和管理云平台的运营者为同一家，企业部分由管理云平台托管。

理平台和管理云平台之间信息通畅，具备安全、可靠、快速通信的架构与能力。

（2）信息运行。其信息运行方式与图 4-4 所示的智慧工业园工业物联网业务结构（a）大体相同，均为工业企业分别授权给两个云平台，企业内部进行边缘计算，运营者内部进行中心计算，只是感知传感信息和感知管理信息分别传输至同一运营者的传感云平台、管理云平台。

在这种信息运行方式下，工业企业既有一定的运营自主性，又能够通过部分授权给单一运营者来提高企业对运营者的信赖程度，保障信息安全，降低与云平台运营者的沟通成本，从而有助于促进工业企业更积极地参网，汇集成行业内的云数据中心。此外，运营者也将迎来更多商机，实现云平台业务的快速拓展，发挥规模效益，从而有更多资源去调整发展模式、提升内部技术，推动云平台市场的健康有序发展和行业生态的优化，达到工业企业与云平台专业支持并存、双方共赢的状态。

（五）以传感云平台和服务云平台为基础的智慧工业园工业物联网

以传感云平台和服务云平台为基础的智慧工业园工业物联网如图4-7所示，具有两种业务结构，其中一种业务结构即传感云平台运营者和服务云平台运营者不同，另一种业务结构即两个云平台的运营者相同。

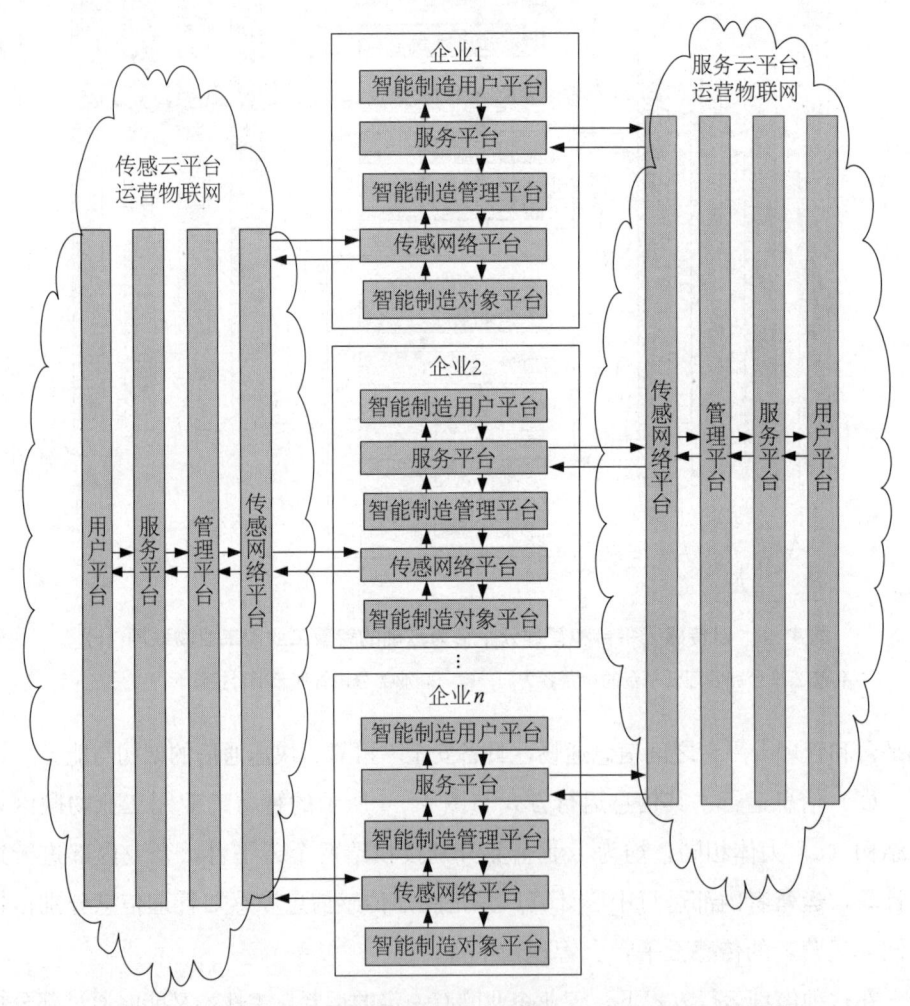

图4-7 以传感云平台和服务云平台为基础的智慧工业园工业物联网

双运营者主导该智慧工业园工业物联网的情况下,工业企业只能对每个运营者进行部分授权,授权信息在工业企业内的功能平台和对应的云平台之间往返,两个云平台之间不产生信息交互。

单一运营者主导该智慧工业园工业物联网的情况下,工业企业可以对运营者完全授权或部分授权,但由于传感云平台无法跨过管理平台直接与服务云平台通信,授权方式的差异并不影响业务结构,仅影响信息运行方式及交互的信息量。

工业企业完全授权给运营者,其传感通信功能和服务通信功能便托管至云平台。感知信息从工业企业内的智能制造对象平台发出,传输至传感网络平台,再接入传感云平台,完成云计算的感知信息又传回传感网络平台,接着传输至智能制造管理平台和服务平台,服务平台接收到的信息则接入服务云平台进行处理,然后回传至服务平台,继续上传至用户平台。控制信息的运行从用户平台完成信息转换开始,下达至服务平台时便接入服务云平台,回传到服务平台,经由管理平台向下运行到传感网络平台时便接入传感云平台。工业企业部分授权给运营者时也遵循这一运行过程,不同之处在于企业内的传感网络平台和服务平台不只是传输信息,还需要对信息进行简单处理和把控,发挥平台的功能。

(六)以管理云平台和服务云平台为基础的智慧工业园工业物联网

以管理云平台和服务云平台为基础的智慧工业园工业物联网如图 4-8 所示,具有三种业务结构:第一种业务结构即管理云平台运营者和服务云平台运营者不同;第二种业务结构即两个云平台的运营者相同且采用完全授权模式,云平台之间可以直接通信;第三种业务结构即两个云平台的运营者相同且采用部分授权模式。

以管理云平台和服务云平台为基础的智慧工业园工业物联网的信息运行方式与本节前述以传感云平台和管理云平台为基础的智慧工业园工业物联网高度相似,此处不再赘述。

(七)以完整云平台为基础的智慧工业园工业物联网

工业企业希望整体提升信息处理、管理和服务质量,选择接入三个云平台。以完整云平台为基础的智慧工业园工业物联网的结构如图 4-9 所示。接入三个云平台时选择单一运营者的业务结构更加常见,三个云平台能够共用一套通信设备和通信协议等,较容易控制成本,提升理务的质量、信息的安全性及可靠性,

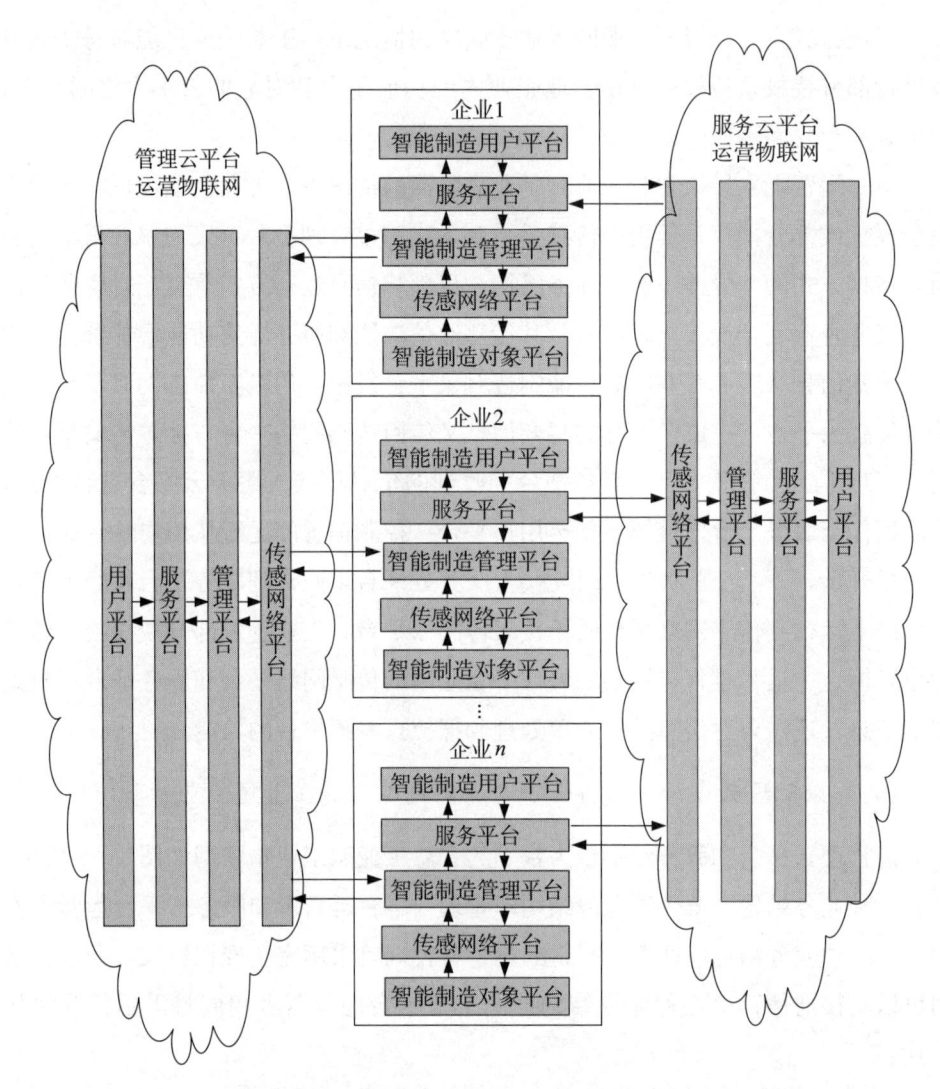

图 4-8 以管理云平台和服务云平台为基础的智慧工业园工业物联网

使工业企业能够在增强三个功能平台的前提下集中精力发展工业制造能力。同时也存在各个运营者分别在云传感、云管理和云服务方面占优势，工业企业为内部各个平台匹配最优质云平台产品的情况，这种情况包含多种业务结构：双运营者主导或三运营者主导的智慧工业园工业物联网。

以完整云平台为基础的智慧工业园工业物联网的显著特征是针对工业企业的感知信息和控制信息进行三种云计算，即云传感计算、云管理计算及云服务计算。

图 4-9 以完整云平台为基础的智慧工业园工业物联网

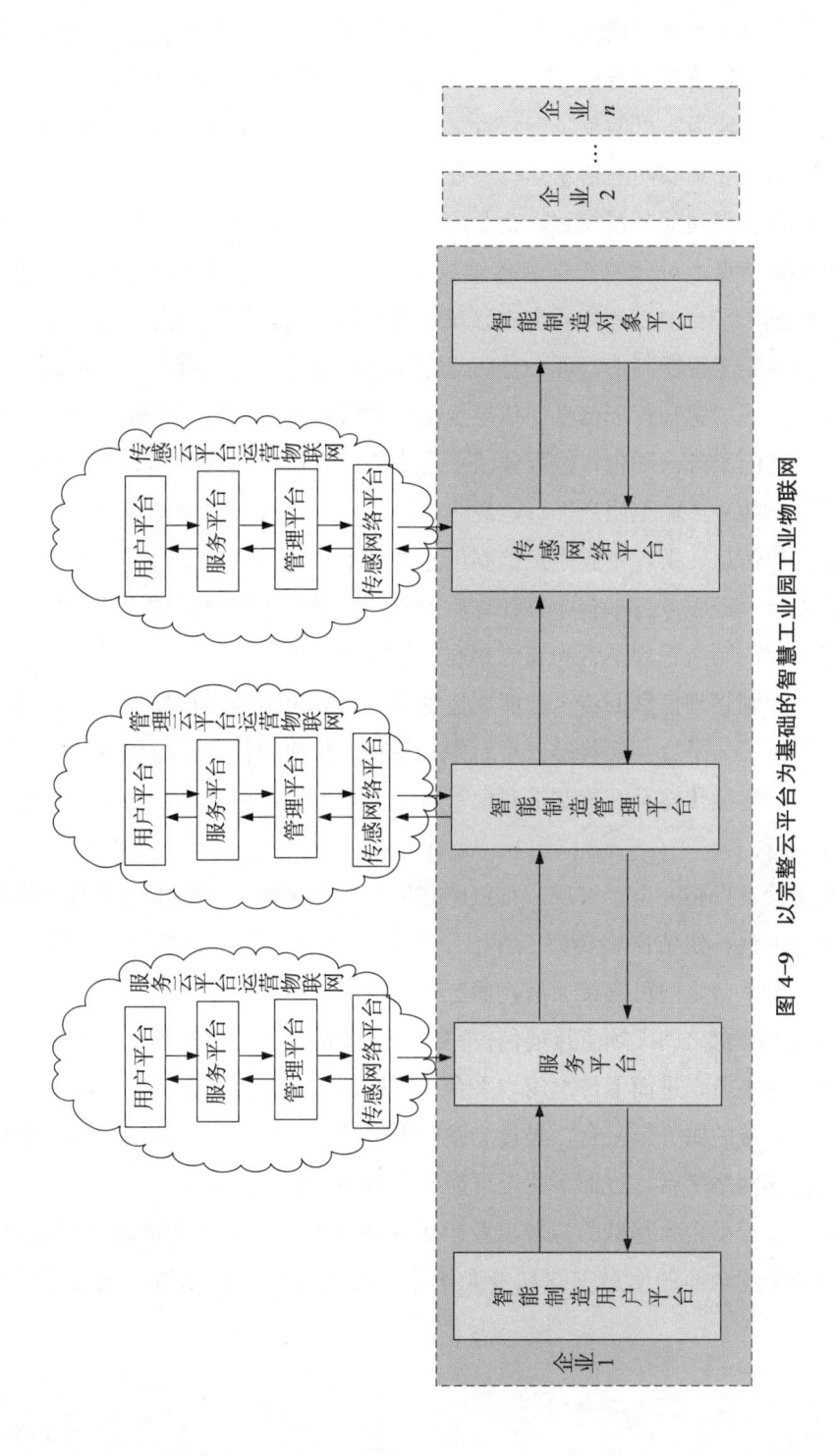

双运营者主导或三运营者主导的、以完整云平台为基础的智慧工业园工业物联网，同单一运营者主导的情况仅在信息运行方式及交互的信息量方面有所差异，这里仅以较为常见的单一运营者主导的智慧工业园工业物联网为例阐述这类智慧工业园工业物联网的信息运行过程。

在运营者得到部分授权后，企业内工业物联网的智能制造对象平台采集并生成对象感知信息，对象感知信息传输到传感网络平台和与之相连接的传感云平台，经传感云平台中心计算后生成感知传感信息；感知传感信息回传至传感网络平台，再传输至智能制造管理平台和与之相连接的管理云平台；经管理云平台中心计算后生成的感知管理信息回传至智能制造管理平台，接着传输至服务平台和与之相连接的服务云平台；经服务云平台中心计算后生成的感知服务信息回传至服务平台，然后传输至用户平台，最终由用户平台生成用户感知信息。用户平台在内部进行信息转换，生成用户控制信息并向下传输至服务平台和与之相连接的服务云平台；经服务云平台中心计算后生成的控制服务信息回传至服务平台，然后传输至智能制造管理平台和与之相连接的管理云平台；经管理云平台中心计算后生成的控制管理信息回传至智能制造管理平台，再传输至传感网络平台和与之相连接的传感云平台；经传感云平台中心计算后生成的控制传感信息回传至传感网络平台并继续传输至智能制造对象平台，由智能制造对象平台转换成对象控制信息并执行。

在运营者得到完全授权后，对象感知信息上传至传感网络平台和与之相连接的传感云平台，便依次在传感云平台、管理云平台和服务云平台中接受中心计算，三个云平台之间可直接通信，而工业企业内的传感网络平台、智能制造管理平台和服务平台之间无须直接通信；完成云计算的信息最终转换成感知服务信息传输到服务平台，进而上传至用户平台。同样地，用户控制信息下达至服务平台和与之相连接的服务云平台，经过完整云平台的中心计算后转换成控制传感信息传输到传感网络平台，进而下达至智能制造对象平台。

以完整云平台为基础的智慧工业园工业物联网对工业企业的理务程度最高，能够给予企业全面的信息支撑和专业指导，对企业的工业化与信息化进程大有裨益。

第二节　智慧工业区工业物联网

随着拥有智能制造技术的企业、智慧工厂或智慧工业园的逐渐增多，一定区域中工业企业间的联系日益频繁和复杂，对该区域内的工业企业进行系统管理的需求也就越来越高。管理这一类型区域的主要趋势是通过智能化手段建立智慧工业区，并运行智慧工业区工业物联网。

工业区是一个基础设施、配套服务体系完善的工业化载体，不局限于国家级经济技术开发区、国家级高新技术产业开发区、国家级保税区、国家级进出口加工区和省级各类开发区，还包括以大型企业为核心的工业聚集区或其他工业加工制造区。而智慧工业区是以工业系统为支撑，将传统的物理系统与信息技术紧密联系起来，将整个工业区变成一个智慧型系统，从而提高工业区中各单位之间的通信能力、工厂的生产能力和企业的经济效益等。

智慧工业区中包含了众多的人员、企业、机构以及其他单位，范围比智慧工业园更加宽泛，人员、企业以及单位也比智慧工业园更多，从而形成了结构更为复杂的智慧工业区工业物联网。智慧工业区工业物联网的实质是利用先进的信息技术，实现工业区智慧式管理和运行，进而为工业区中的人创造更美好的生活，促进工业区所有企业、机构的和谐、可持续成长。

一、智慧工业区工业物联网的典型类型

智慧工业区通过运用信息和通信技术手段感知、分析、整合工业运行核心系统的各项关键信息，对包括工厂员工、工厂、云平台运营商以及政府等在内的各种主体的需求做出智能响应。

各类用户的需求是组建工业物联网的推动力。智慧工业区工业物联网中的用户较多、较广，同时他们都具有双重身份，既是接受服务的用户，也是接受管理的对象。下文仅以工厂员工、工厂、云平台运营商以及政府这几种典型用户对智慧工业区工业物联网进行阐述。

（一）以工厂员工为用户

在工业企业仅以智能制造工业物联网接入云平台来进入智慧工业区物联网

时，工厂员工（主要指生产部门成员）通过利用智慧工业区中各种智能服务、操作系统等，成为统筹智能制造系统、操作智能设备的关键主体，担任该企业参与的智慧工业区物联网的用户平台之一。

工厂员工和智能制造系统是智慧工业区中参与生产的最基本单位，没有工厂员工的参与和配合，工业区的生产就缺乏必要的基础，其运转也会遇到阻碍。

根据工业企业具体的生产情况，企业内的工厂员工个体，如生产部门负责人、重要的技术领头人等都有可能作为其智能制造系统的用户平台，从而形成以工厂员工为用户平台的智慧工业区工业物联网。

（二）以工厂为用户

工厂是将员工、智能制造这些基本单位组织、统筹在一起的主要力量。在工厂的组织和统筹下，包括工厂员工、生产设备等在内的诸多要素各司其职，在工业生产的过程中发挥自身独特的作用，形成合力，共同促成工业智能的实现。就这个意义而言，工厂是智能制造的统筹中心，如果没有工厂的功能汇集和功能实现，智能制造就无法开展。

在工业企业以智慧工厂工业物联网接入云平台来进入智慧工业区物联网时，工厂通过智慧工业区实现高效、便捷、低耗、节能生产，担任该企业参与的智慧工业区物联网的用户平台之一。在智慧工业区中，工厂作为其主要构成单位，享受智慧工业区所提供的服务，同时也是智慧工业区的主要管理对象。

（三）以云平台运营商为用户

在智慧工业区中，云平台运营商也是一个重要主体。云平台运营商所提供服务的质量是影响智慧工业区工业物联网中信息传输和处理效率的重要因素，是智慧工业区工业物联网体系中不可或缺的一环。

云平台运营商作为云平台服务的提供者，其作为用户的一面往往被忽略。然而实际上，云平台运营商在智慧工业区中不但扮演着云平台服务提供者的角色，也是寻求自身需求满足的用户，其运营的云平台能够智能化管理各类服务对象。云平台运营商既是算力基础设施和传输网络的建设者，又是下游云计算服务的提供商以及云计算的载体，在其进行设施和网络的建设与管理、为客户提供云计算服务和管理的过程中，成为其参与的智慧工业区工业物联网的用户平台之一。

(四) 以政府为用户

除以上三个主体之外，政府也是智慧工业区中的一个重要主体。政府有时是云平台的运营者之一，但不是云平台运营商。

工业区的形成和发展，全程都离不开政府直接或间接的作用。在产业结构调整和工业转型的大背景下，政府成为推动工业区向智慧工业区发展的重要力量。在智慧工业区中，政府科学制定政策，为智慧工业区提供发展平台；政府能实施项目带动战略，为发展和壮大工业区提供资源上的保障；能合理确定工业区的功能定位和特色主导产业，培育特色工业促进企业根植。政府作为统筹协调者、设施建设者以及服务提供者参与到智慧工业区之中，为生产的顺利运行提供了强有力的保障。

在发挥自身于智慧工业区中的管理和保障功能的过程中，政府成为智慧工业区工业物联网的资源提供者和运行规则制定者，站在全局的高度上决定智慧工业区的发展方向，担任该政府参与的智慧工业区物联网的用户平台之一。以政府为用户平台的智慧工业区工业物联网也成为智慧工业区工业物联网体系中影响广泛且深远的一环。

二、智慧工业区工业物联网的结构与运行

智慧工业区工业物联网囊括但不限于上述几类典型用户，其总体结构如图 4-10 所示。

(一) 智慧工业区工业物联网以工厂员工为用户平台

在智慧工业区工业物联网中，工厂员工作为智能制造产品的生产者、管理者以及智慧园区智慧服务的使用者时，处于智慧工业区工业物联网的用户平台，其主要需求包括更便捷的园区通行、保证产品质量、更低的生产费用、更安全的生产流程等，同时工厂员工需求的不断增加也推动着智慧工业区的优化升级。

工厂员工不仅要完成自身的生产、维护任务，还要处理厂区生产制造中出现的紧急情况。此处以厂房内的安防警报事件处理为例，阐述在智慧工业区工业物联网中以工厂员工为用户平台的运行情况。在对象平台中，厂房内的智能设备突然出现安全隐患，触发了工厂的安全预警和智慧工业园区的安防警报，在智慧工业区可以通过可视化指挥调度系统，对任意信号源视窗进行实时回显和预览，在

· 147 ·

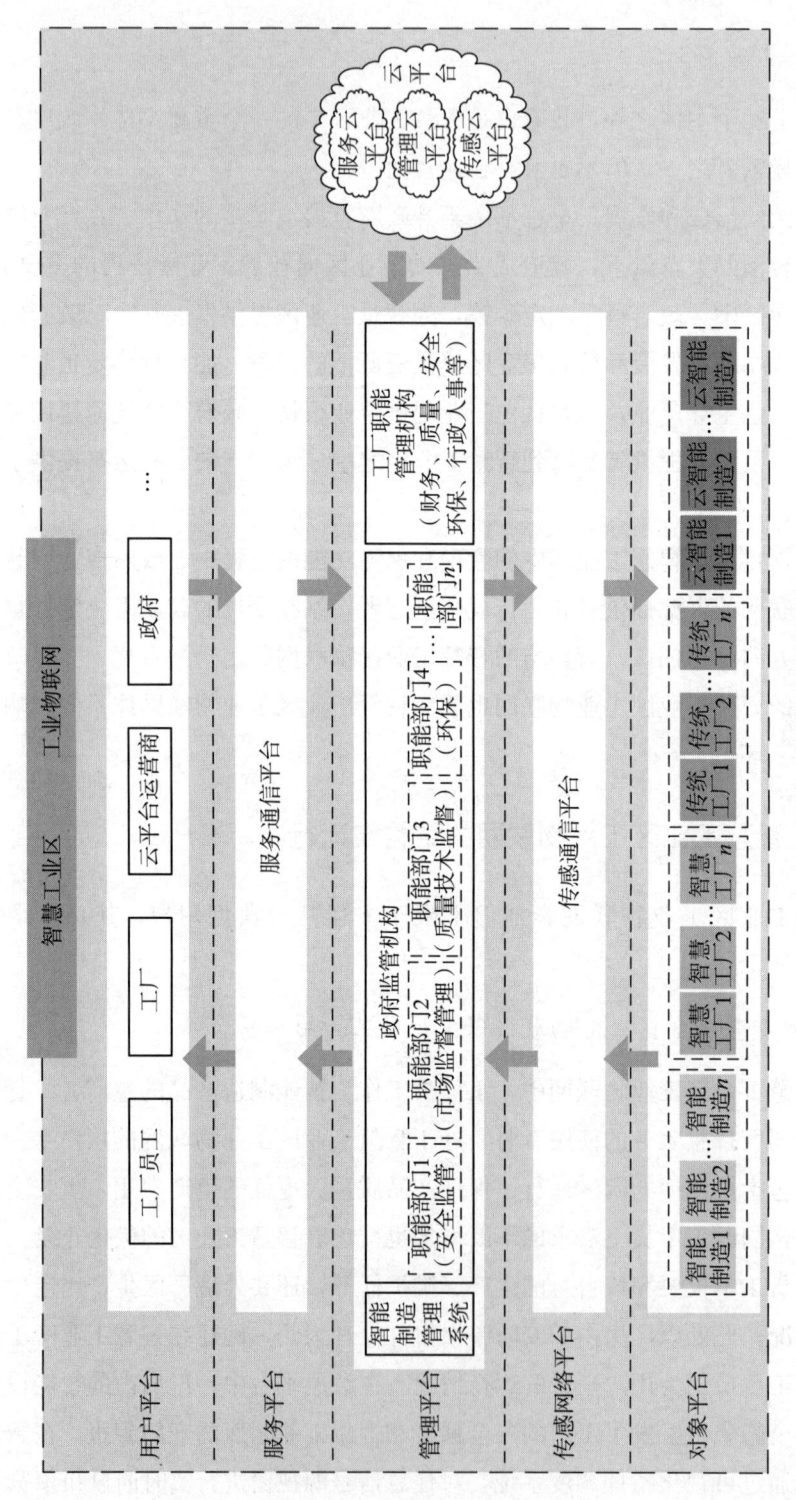

图 4-10 智慧工业区工业物联网

控制的客户端前即可看到整个大屏幕墙上的安防预警信号。智慧工业区内的安防预警信号可在第一时间将相关警报的安全事故信息直接上传至被授权的传感云平台（网内计算）或经过传感网络平台处理、判断后接入传感云平台（网外计算）。处理后的事故信息再传入作为智慧工业区工业物联网管理平台的智能制造管理系统，通过网外或网内计算，针对这一预警事故做出相应的判断和处理。经处理的信息继续传入智慧工业区工业物联网服务平台，接受网外或网内计算，再上报至相关工厂员工，即工厂安防人员。安防人员根据预警事件的严重程度和紧急程度来研究事件处理方案。在事件紧急的情况下，工厂安防人员可先下达紧急处置的指令，指令依次通过服务平台（服务云平台）、智能制造管理系统（管理云平台）、传感网络平台（传感云平台）到达存在安全隐患的智能设备，智能设备或操作员立即执行指令。如智能设备出现温度过高、负载过大的安全提示，便执行立即关闭的指令并由相关工作人员进行降温处理等。

（二）智慧工业区工业物联网以工厂为用户平台

在智慧工业区工业物联网中，工厂处于用户平台时，其主要需求包括提高自身产能、促进技术研发、开发设备和产品、吸纳人才等。

工厂肩负着生产重任，同时也需采集生产数据，合理安排生产流程与计划。此处以工厂对生产数据的采集为例，阐述智慧工业区工业物联网以工厂为用户平台的运行情况。在生产现场，以生产设备或工厂员工为对象平台，每隔一段时间就会产生大量的生产数据，这些数据对于生产流程的制定以及了解生产中每个环节至关重要，如设备开机率、运行率、故障率、生产率、设备综合利用率、质量百分比等。这些数据信息由传感网络平台（传感云平台）进行自动收集、处理与分析，经过分析的数据再上传至企业的生产管理部门，即管理平台（管理云平台），由生产管理部门进行汇总分析，得出相应数据对比结果等，再上传至服务平台（服务云平台），最后上传至管理部门负责人或工厂总负责人处，由负责人根据数据制定更高效、安全和可靠的生产流程，并将生产流程指令依次下达至服务平台（服务云平台）、生产管理部门（管理云平台）、传感网络平台（传感云平台），最后到达对象平台，即设备或工厂员工，对象执行指令，最终完善生产流程。

（三）智慧工业区工业物联网以云平台运营商为用户平台

在智慧工业区工业物联网中，云平台运营商处于用户平台时，其主要需求包括理解工业生产流程、洞察客户需求、使云计算服务深度匹配工业生产流程等。

云平台运营商以开展云服务、云计算、云管理为主要任务，同时还可以通过数据采集协助园区内的生产管理。此处以供应链管理为例，阐述在智慧工业区工业物联网中以云平台运营商为用户平台的运行情况。在供应链管理中，对象平台往往是供应部和仓库中的物料和产品，这些物料和产品的实时数据可以通过作为传感网络平台（传感云平台）的云计算技术进行实时收集和分析，传感网络平台（传感云平台）再将这些实时数据向上传递到管理平台（管理云平台）；管理云平台可以帮助该物联网及时了解供应链的状态和趋势，管理平台（管理云平台）再将供应链的状态和趋势信息上传至服务平台（服务云平台）；服务平台（服务云平台）再将数据上传至园区内的云平台运营商。云平台运营商通过计算处理，能够根据数据预测应储备的存货量和原材料的损耗，实现供应链管理的可视化和自动化，自动下达指令，并依次将指令传输到服务平台（服务云平台）、管理平台（管理云平台）、传感网络平台（传感云平台），最后到达供应部，执行采买或其他指令。

（四）智慧工业区工业物联网以政府为用户平台

在智慧工业区工业物联网中，政府处于用户平台时，其主要需求包括创新管理机制、服务企业、招商引资、发展工业区内经济等。

规划工业区的政府机构往往也是工业区内的基础设施以及公共服务设施的建设者和管理者。此处以建设工业区基础设施、厂房相关配套设施为例，阐述在智慧工业区工业物联网中以政府为用户平台的运行情况。在这里，对象平台可以是工厂，也可以是工厂员工个体，这些对象在使用智慧工业区配套设施的过程中发现某些相关设施的缺失，通过作为传感网络平台（传感云平台）的智慧工业园区中的政府服务平台，将相关配套设施的缺失问题传递至管理平台（管理云平台）；管理平台可能由工业区的管委会担任，管委会通过自身的判断或外接的管理云平台分析处理后将问题信息整合，传递至服务平台（服务云平台）；再由服务平台（服务云平台）传递给管理此工业区的政府系统。政府根据管理政策和工业区的规划方案，落实园区内相关配套设施的建设，并将此指令依次下传至服务平台（服务云平台）、管理平台（管理云平台）、传感网络平台（传感云平台），最后到达配套设施缺失的工厂或上报信息的工厂员工处，进行建设拨款或由政府组织建设设施。

第三节 广域云制造工业物联网

随着我国数字化进程增速，企业、政府单位等对系统上云、多云融合以及各类云应用等高质量广域云的需求逐步提升，越来越多的政企单位参与到广域云制造体系建设与运用中，以实现研发设计、制造、仓储物流等资源的共建、共享。同时，工业制造与广域网络的结合更加紧密，工业企业的数字云化转型也不断深入。广域云制造的深入发展为政府和工业企业等提供了数据信息价值最大化的交流共享平台，以及快速和灵活接入云平台的通道，提升了政企业务服务体验；政、企、云实现深度融合，赋能数字工业生态新范式。

一、广域云制造工业物联网的典型类型

云制造工业物联网中的广域云制造工业物联网不对参与云制造的各类工业企业做出区域的限制，形成互通互联的广域云网。相较于智慧工业园与智慧工业区，广域云制造涉及更多的政府单位和工业企业。云平台运营者往往作为用户运作广域云平台，以满足不同区域的客户需求。

广域云制造工业物联网通常运行于中小工业企业、企业园区、政府单位等。广域云制造工业物联网主网由用户平台、服务云平台、管理云平台、传感网络云平台及对象平台组成，其对象平台主要包括非智能制造型中小企业、智能制造工业企业、智慧工厂以及智慧工业园（区）四种类型（在对象平台中从左往右依次排列），如图 4-11 所示。非智能制造型中小企业（如一些还未实现智能制造的传统工业企业）参与广域云制造工业物联网，正是为了借助广域云的共享资源与信息促进企业的转型升级，逐步实现更智能、更高效的制造；智能制造工业企业参与广域云制造工业物联网，则是已形成一定规模的智能生产线，希望借助广域云继续扩大智能制造规模，乃至形成智慧工厂或智慧企业等；智慧工厂以及智慧工业园（区）参与广域云制造工业物联网，均是为了进一步提升智慧化程度。

每种类型的对象平台实体参网需求不同，广域云对对象实体进行直接管理或补充管理。下面分别对四种对象实体参与的广域云制造工业物联网进行描述。

智能制造的投入成本较大、技术门槛和人才质量的要求高，体量较小的企业

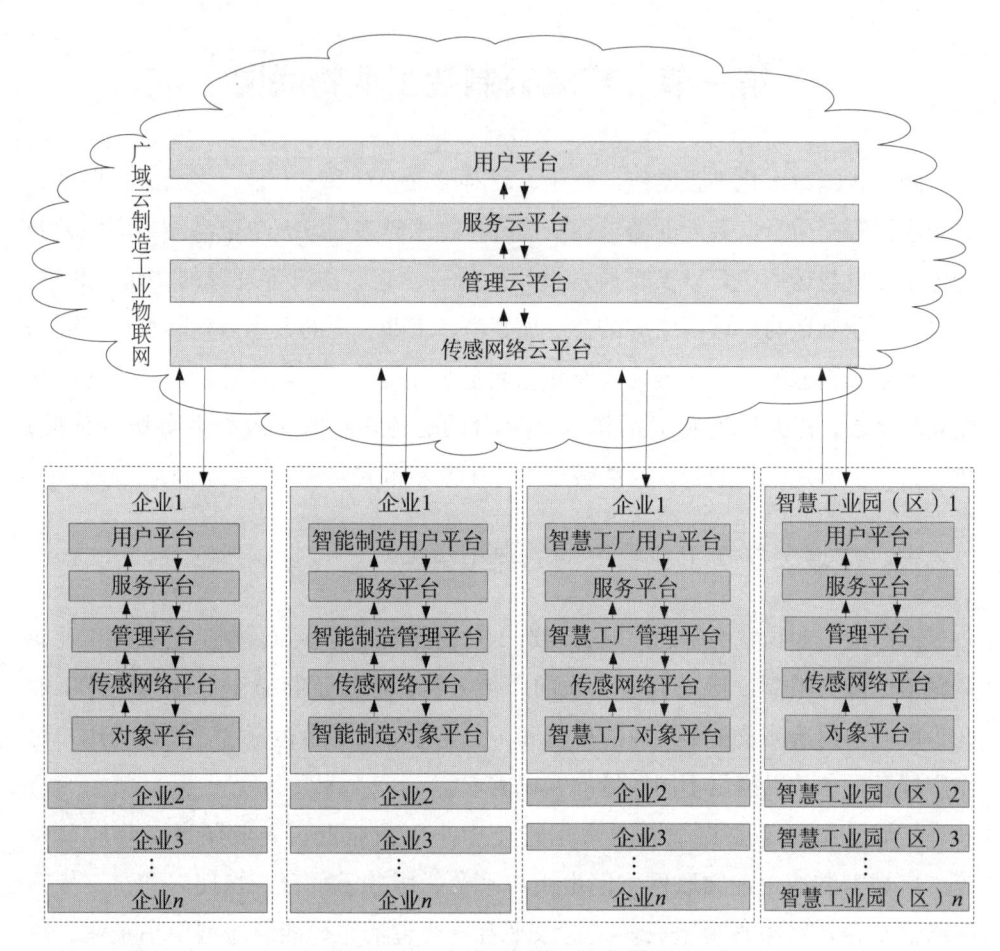

图 4-11 广域云制造工业物联网

难以负担，因此，非智能制造型中小企业主要分为不具备智能制造能力的规模较小的企业和部分未规划智能制造预算投入的企业。这两种类型的企业均缺乏智能制造和智能管理方面的知识和经验，需要接入广域云来为自己提供较为全面的服务和指导，以达到企业管理生产的要求。针对参与广域云制造工业物联网的非智能制造型中小企业，广域云作为智能大脑，辅助或替代企业原有的非智能管理平台，为企业统筹数据信息、分析业务需求以及调配业务所需的资源；同时，广域云作为操作云端，连接工业企业以服务云平台自身运营者。在这一过程中，多个非智能制造型中小企业作为对象平台参与广域云平台运营的物联网，形成以非智能制造型中小企业为对象平台的广域云制造工业物联网（见图 4-12）。

不同于非智能制造型中小企业，自身可以实现智能制造的企业一般具有较大的

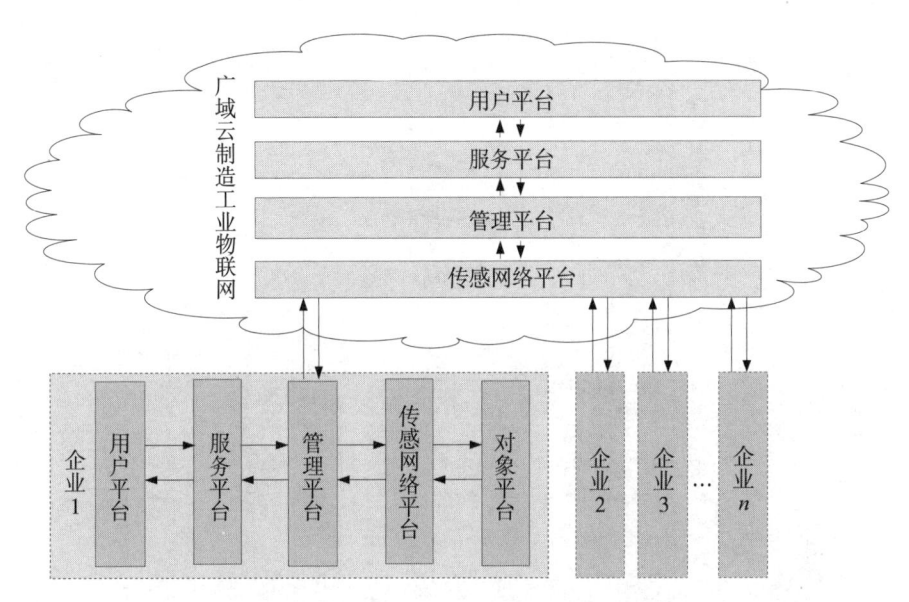

图 4-12　以非智能制造型中小企业为对象平台的广域云制造工业物联网

规模和较强的资金实力。这类企业通常情况下已经具备了一定的智能制造和智能管理方面的知识和经验，能够自行初步完成智能制造生产任务。智能制造工业企业有继续提升智能制造和智能管理水平的需求，因此，这类工业企业通常将自身的智能制造管理平台部分接入广域云，以寻求支持。此时，广域云协助或替代企业原有的管理平台，为企业提供部分管理和服务功能，进而提升企业的智能制造水平，包括对智能制造中的技术壁垒、产线规划、业务难题等提供建议和解决方案。在这一过程中，多个智能制造工业企业作为对象平台参与广域云平台运营的物联网，形成以智能制造工业企业为对象平台的广域云制造工业物联网（见图 4-13）。

智慧工厂是智能制造工业企业实现进一步发展的形态，其智能制造生产的规模化和体系化程度更高，已经实现较高水平的智能制造和智能管理。此时，企业的战略重心逐步由企业内部转向企业外部，并提出新的诉求，包括提升工厂自主化和智能化水平、优化工厂结构、提升技术水平、共享区域资源等。基于这些诉求，智慧工厂将管理平台接入广域云，以获得补充管理、服务。此时，广域云除了帮助智慧工厂进一步优化智能管理，提升智慧工厂核心竞争力之外，其重要作用就是促进区域内海量数据资源共享，为智慧工厂的资源获取与整合能力的增强提供支持。在这一过程中，多个智慧工厂作为对象平台参与广域云平台运营的物联网，形成以智慧工厂为对象平台的广域云制造工业物联网（见图 4-14）。

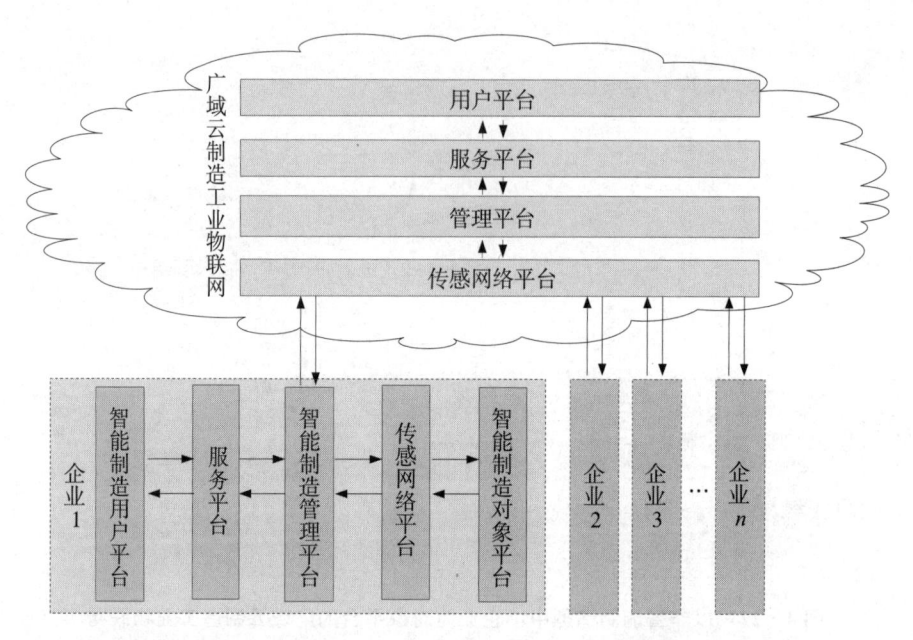

图 4-13 以智能制造工业企业为对象平台的广域云制造工业物联网

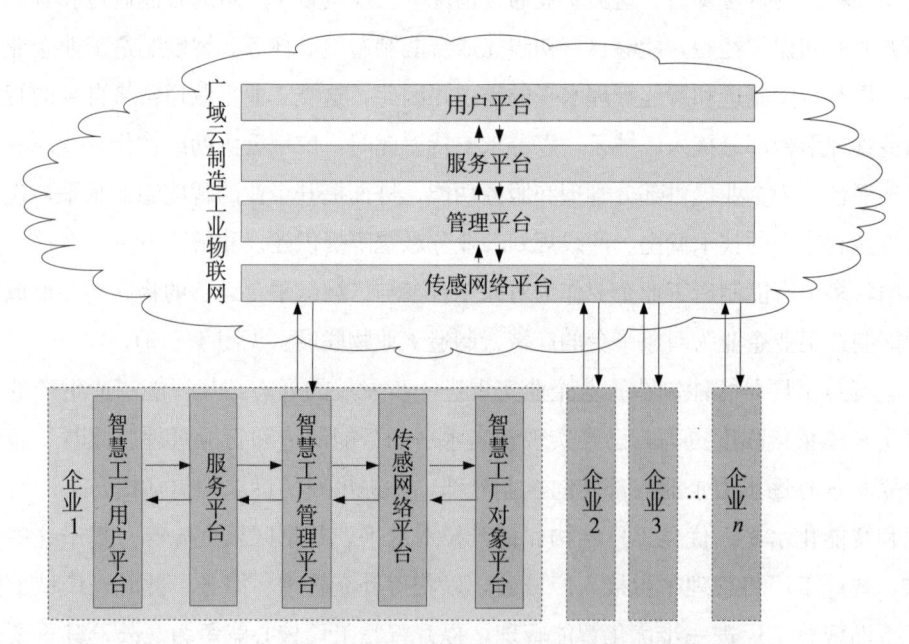

图 4-14 以智慧工厂为对象平台的广域云制造工业物联网

除了以企业作为对象平台实体,广域云制造工业物联网还将工业园(区)作为对象平台实体。智慧工业园(区)参与广域云平台运营的物联网,通常是为了加强园区或区域间的工业联系，共享智能管理智能和资源，将管理平台接入广域云，以获得补充服务与管理。广域云可同时连接不同区域的智慧工业园（区），这些智慧工业园（区）涵盖了工业企业、云平台运营商、政府单位集成的海量数据信息资源，这些资源使智慧工业园（区）可以更科学地制定园区发展规划，更合理、更高效地管理园区内的厂房、服务和设施，吸纳和优化园区内的政企资源，促进更广范围的产业集群资源共享。在这一过程中，多个智慧工业园（区）作为对象平台参与广域云平台运营的物联网，形成以智慧工业园（区）为对象平台的广域云制造工业物联网（见图4-15）。

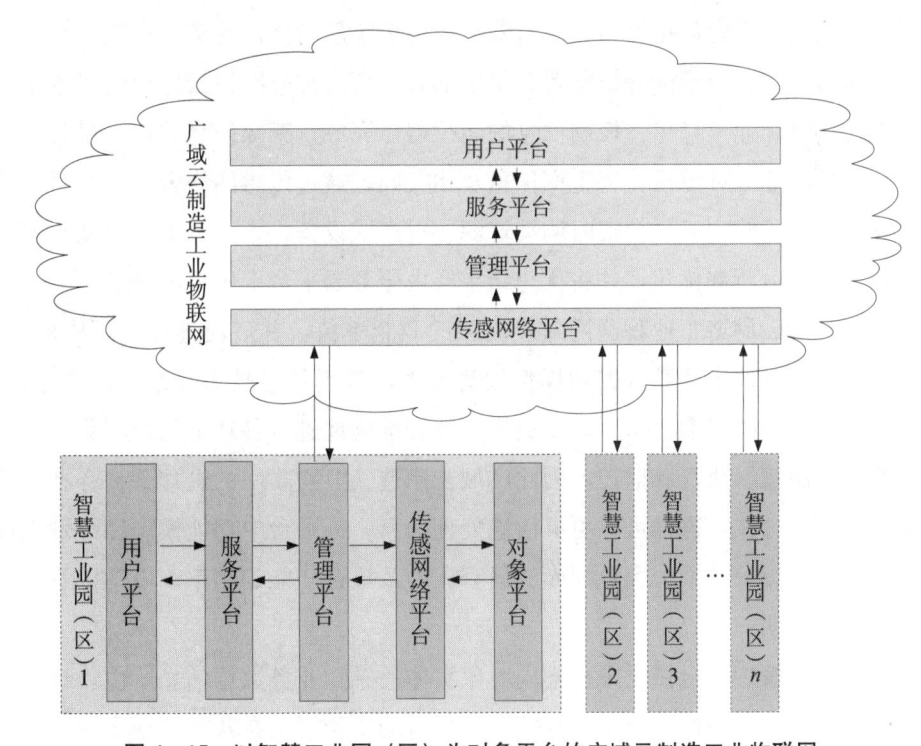

图4-15 以智慧工业园（区）为对象平台的广域云制造工业物联网

二、广域云制造工业物联网的运行

（一）运行特点

广域云制造工业物联网的运行与智慧工业区工业物联网的运行相似。其中，广域云制造工业物联网的用户平台主要由工业企业（工厂）、工业企业员工（工厂员工)、云平台运营商和政府构成；管理平台相应由工厂的智能制造管控系统、工厂智能管理机构和政府监管机构组成；各类中小型传统工厂和智慧工厂则构成对象平台，智能制造工厂可先连接内部私有云，再外接公有云，形成云智能制造工厂。服务通信平台、管理平台和传感通信平台可分别外接服务云平台、管理云平台和传感网络云平台三类公有云。

广域云制造工业物联网对众多中小型工业企业进行整合与管理，聚合上下游资源，实现产业研发设计、制造、物流仓储等环节的共建、共享。在广域云制造工业物联网的运行中，管理云平台通过服务通信云平台接收用户平台的业务需求，灵活调用云平台数据算力，对对象平台各个工厂的生产优势、产能、仓储物流等在短时间内进行智能分析配置，集中部署，再由传感网络云平台向对象平台统一发送、分配业务订单，控制信息的运行得以完成；感知信息的运行过程则是对象平台接收业务订单后，将生产信息及相关问题通过传感网络云平台实时反馈至管理云平台，管理云平台实时调动资源，对产线设备、人力分工、仓储物流等环节进行智能分析和优化，并将优化结果经由服务云平台上传至用户平台。

由于广域云制造工业物联网对接更多的政企单位，并广泛连接工厂中的人、机、料、法、环要素，其数据运算量较为庞大，数据信息较为复杂，需要稳定、可靠、流畅的数据传输通道，需要更加高效和准确地进行各环节的数据集成、分析、反馈、决策、执行和监控。因此广域云制造工业物联网的管理平台存在方式通常为组合前分式，这样可以更灵活地处理信息，分平台中功能模块和分数据库的独立运行可以分散平台大数据库的运算压力，提升产能利用率。以下以管理平台为例进行说明。

智能制造管理平台接收来自不同对象实体的感知业务数据信息，由管理平台各个分数据库进行筛选、分类和存储，分平台的功能模块在获得管理平台授权的前提下可直接调用分数据库的数据进行运算和处理，其后传输至分数据库。管理数据库根据对象实体类型、特点等统筹分析并提取所需数据，经服务平台传输至用户平台决策。用户平台统筹对象平台的业务诉求完成决策，并通过服务平台下达至管理平台。管理平台数据库汇总用户决策，并通过分平台中分数据库存储信息、功能模块数据运算的功能来实现对不同对象实体的资源调配及管理，最终通过传感网络平台传输至对象平台具体执行。

在广域云制造工业物联网中，管理平台的分数据库和分平台各司其职，对复杂的数据信息进行分类处理和存储，管理平台可以随时从分数据库中调取所需信息，实时远程把控数据动态，因此可以极大减轻智能管理数据库的数据运算负荷，提升管理平台对感知、控制数据信息进行处理和统筹的效率，降低管理成本。同时，智能制造管理平台可以外接管理云平台，及时调动、整合产业资源，实现供应链、物流等数据信息的实时共享。

（二）运行优势

传统工业企业的研发、制造、物流等环节信息相对独立和封闭，企业之间资源互相流通较为困难，难以满足工厂数字化转型的需求。同时，由于接入更广泛、上云需求更多样的工厂业务，对象平台的需求较为多样化，而广域云制造工业物联网灵活连接云平台资源池，实现跨区域资源的集中、优化管理，承载多类业务，可以快速拆解、准确对接工厂业务需求并智能调度工厂产能，为其智能分配合适的云平台。网内业务订单可多线运行，业务流量可精细化控制，确保资源的灵活调度和高效利用。协同平台提供产品制造全生命周期的数据信息，因此可以有效地驱动产品创新，缩短产品研发设计的周期，加速产品的更新迭代，提升产品服务的质量；同时也为用户平台减少了投入成本，从而避免了资源浪费。

广域云制造工业物联网打造的协同平台对海量数据信息进行整合管理，对数据信息进行分布式存储和调度处理，全网业务数据信息实时可视。协同平台不仅对业务订单的生产全过程进行实时远程控制、视频监控，还提升了平台的安全性能，将人工运维优化为智能运维，可以精确、快速定位故障信息并对其进行智能处理，提升了主动防御能力，形成了从预防故障到解决问题的完整运维体系，维护了制造工业物联网的正常、稳定运转。

在面向工业行业数字化的升级、实现工业行业的数字化目标时，广域云工业物联网通过构筑更稳固、多样、高效、智能、安全的工业网络，积极响应政企单位的业务需求，为工业企业、政府单位等提供覆盖工业设计、研发、制造、物流仓储等全生命周期的产品知识和经验；广泛联结产业链上下游，培育打造共建、共享的资源协同平台，助力工业可视化、智能化、自动化、少人化。最后，广域云制造工业物联网将面向未来，创造制造工业新体验，探索工业行业新范式，打造开放且灵活的广域云产业生态，实现制造工业的整体数字化转型。

图书在版编目（CIP）数据

工业物联网/邵泽华著. -- 北京：中国人民大学出版社，2025.2. -- ISBN 978-7-300-33668-8
Ⅰ.F406-39
中国国家版本馆 CIP 数据核字第 2025J4T589 号

工业物联网

邵泽华　著

Gongye Wulianwang

出版发行	中国人民大学出版社		
社　　址	北京中关村大街 31 号	邮政编码	100080
电　　话	010－62511242（总编室）	010－62511770（质管部）	
	010－82501766（邮购部）	010－62514148（门市部）	
	010－62515195（发行公司）	010－62515275（盗版举报）	
网　　址	http://www.crup.com.cn		
经　　销	新华书店		
印　　刷	北京宏伟双华印刷有限公司		
开　　本	787 mm×1092 mm　1/16	版　次	2025 年 2 月第 1 版
印　　张	10.25	印　次	2025 年 2 月第 1 次印刷
字　　数	168 000	定　价	49.00 元

版权所有　　侵权必究　　印装差错　　负责调换